벽을 넘어서

바보 정운천, 도전은 계속된다!

벽을 넘어서

정운천 지음

올림

프롤로그

평생을 걸어온 '경산'의 길

2008년 가을, 광우병 파동의 모든 책임을 혼자 짊어지고 장관의 자리에서 물러난 나는 100일간 우리의 맛과 얼을 찾아 전국을 순례했다. 목포에서 멀리 떨어진 섬 신의도에서 천일염의 새로운 도약을 지켜보고, 안동에서는 퇴계 이황 선생 등의 종택을 돌아보며 조선시대 선비정신을 기렸다.

대전에서는 존경하는 대산 김석진 선생을 찾아뵈었다. 우리 문화와 역사에 조예가 깊은 선생은 우리 민족의 우수성과 국가의 장래에 대해 귀한 말씀을 들려주셨다. '경산(耕山)'이라는 아호(雅號)를 지어주시고 칠언절구의 호송시(號頌詩)까지 써 주셨다.

自作耕山山作春(자작경산산작춘)이요
雲天降雨物生新(운천강우물생신)이라.
誰知此裡功成大(수지차리공성대)요
大得芳名又得眞(대득방명우득진)이라.

스스로 산을 일구어 봄을 만들고
구름 낀 하늘에 비 내리니 만물이 소생하는구나.
그 누가 알리오, 이 큰 공이 이루어지는 것을
꽃다운 이름 크게 얻고, 참 또한 얻으리라.

경산(耕山).
생각지도 못한 아호를 선물 받고 나는 잠시 그 뜻을 헤아렸다. 밭 갈 경(耕)에 뫼 산(山). 말 그대로 산을 일군다는 뜻이었다. 생각해 보니 내게 잘 어울리는 호 같았다. 반백을 훌쩍 넘긴 인생이건만 돌아보니 실로 파란만장했다. 시련도 많고 곡절도 많았다. 어찌 보면 삶 자체가 경산이었다. 그런데 경산이라는 호까지 얻고 나니 감회가 더욱 새로웠다.
"저는 지금까지 짧지 않은 인생을 치열하게 살았습니다. 최근에는 온 나라를 뒤흔든 광우병 파동을 겪고 장관의 자리에서 물러났습니다. 이제는 모든 걸 내려놓고 좀 편히 살까 하는데, 또다시 산을 일구라고 경산이라는 호를 주십니까?"
내 말이 채 끝나기도 전에 선생은 너털웃음을 지으며 말씀하셨다.

"팔자인 것을요. 장관님 사주팔자가 그렇게 되어 있어요!"

선생의 말씀은 정확했다. 그 이후로도 나는 엄청난 굴곡의 삶을 살았다. 선생이 주신 호대로 경산, 즉 산을 일구는 과정이었다. 그리고 그 경산의 과정은 60대 내내 지금까지도 계속되고 있다.

농업인 정운천

1981년 대학을 졸업했다. 인생의 진로를 결정하는 데 고민이 많았다. 공인감정사 시험에 합격했으니 한국감정원에 편안히 취업할 수도 있었지만 땅끝마을 해남으로 내려갔다.

'인생의 진로를 결정할 때는 가장 첨단을 달리는 분야로 가든지 아니면 가장 낙후된 분야로 가라'는 인촌 김성수 선생의 교훈에 따라 가장 낙후된 분야인 농업을 선택한 것이다.

아버지가 57세 되던 해에 낳은 아들이었다. 인촌 김성수 선생이 태어난 그 집 골방에서 태어났다. "너는 부통령 방에서 태어났으니 큰 사람이 되어야 하고 집안을 일으킬 동량이 되어라"는 말씀을 어려서부터 귀가 시리도록 들었기에 인촌 선생의 교훈이 그 시기 나의 선택에 결정적 계기가 되었다. 그렇게 모두가 마다하는 농업을 선택했다.

땅도 없고 돈도 없던 나는 고산 윤선도 종중의 땅을 20년 장기임대해 키위 재배를 시작했다.

당시 키위는 뉴질랜드에서 수입되어 남해안에서 재배를 시작한 새로운 과일이었다. 국내에 제대로 알려지지 않은 도입 과일을 정착시키기 위해서는 재배 농민들을 하나로 묶어 조직화해야 한다고 판단한 나는, 농장 옆에 비닐하우스를 짓고 천막생활을 시작했다. 5년 5개월이란 짧지 않은 기간을 천막 안에서 농민들과 애환을 같이하며 동고동락한 끝에 그들의 뜻과 힘을 하나로 모을 수 있었다.

하지만 이내 위기가 닥쳤다. 키위 재배가 정착되어 가던 1989년 정부는 키위를 수입 개방 품목에 포함시켜 이듬해부터 시장을 개방한다고 발표했다. 이제 막 걸음마를 시작한 3,000여 재배 농가에는 마른하늘에 날벼락과 같은 조치였다.

나에게도 엄청난 위기가 몰려왔다. 키위 묘목을 보급하며 애환을 같이한 500여 키위 농가들의 날벼락을 나 몰라라 할 수도 없고, 수입 개방 후 키위가 경쟁력이 없다고 전환작목으로 지정한 정부를 상대로 싸울 수도 없고, 진퇴양난이었다.

이 고비 속에서 찾아낸 것이 해남과 진도 사이 이순신 장군의 명량대첩지 벼랑 끝에서 극단적인 선택의 순간에 찾아낸 사즉생 정신이었다. 나는 전국의 재배 농가를 하나로 모아 전국키위농민협회를 창립했다.

이를 기반으로 수입국과 담판을 벌여 유통 시기를 조절하는 한편 백화점에서 국내 최초로 농민 직판행사를 개최하는 등 새로운 유통 시스템을 구축했다. 또한, 국내 최초의 농민주식회사인 참다래유통사업단을 설립, 생산에서 저장, 유통, 가공, 판매까지 제반 과정을 일원화함으로써 농업경영의 새로운 모델을 만들어냈다. 이러한 노력을 통해 키위는 시장개방의 위기를 극복하고 오늘날의 참다래 산업으로 발전할 수 있었다. 참다래는 국내 7대 과수로 자리매김하였고, 초등학교 5학년 교과서에 '참다래 아저씨'라는 글이 수록되기도 했다.

1997년 나는 키위에 이은 제2의 품목으로 고구마를 선택했다. 당시 고구마는 구황작물로 버려지다시피 한 작목이었다. 봄이 되면 잘 썩기 때문에 유통기간이 한정되어 있었고, 물로 씻어도 썩어 흙이 묻은 채로 유통되었다. 또한, 물로 씻으면 빛깔이 죽어 상품성이 떨어졌다. 선별이나 포장도 되지 않은 채 대개 15kg 박스에 담아 유통되었다. 비싼 백화점 매대에 흙이 묻은 채 진열되어 있는 것은 고구마, 감자, 당근이었다. 특히 고구마는 제멋대로 생겨 고르게 진열이 안 되고 볼썽사나웠다.

어떻게 하면 고구마를 새롭게 개발할 수 있을까? 고민에 고민을 거듭한 나는 이순신 장군의 거북선을 생각했다. 거북선은 기존의 판옥선에 덮개를 만들어 씌운 것이다. 판옥선을 더 많이 만들고 더 튼튼하게 하는 대신 덮개라는 새로운 가치를 창출한 것이 위기에서 나라를 구하는 결과를 가져온 것이었다.

거북선에서 아이디어를 얻은 나는 가격과 품질 경쟁에 나서는 대신 기존의 고구마에는 없는 새로운 가치 창출에 전력했다. 4년에 걸친 노력 끝에 세척법, 저장법, 선별법, 포장법 등 8가지의 새로운 가치를 창출, 기존의 고구마와는 완전히 다른 상품으로 만들었다. 저장법 개발로 7~8개월 유통되던 고구마가 1년 내내 식탁에 올라가는 새로운 유통혁명을 가져왔다. 구황작물로 천대받던 고구마를 최고의 건강식품, 기호식품으로 탈바꿈시킨 것이다.

농식품부 장관 정운천

2007년 대선을 한 달 반 앞두고 나는 당시 이명박 대통령 후보와 처음으로 대면했다. 11월 4일 안국포럼에서 열린 농업인 대표와의 간담회 자리였다. 대선에서 농업인들에게 어필할 수 있는 정책을 마련하기 위해 의견을 구하는 자리였지만 나는 근본적인 농업 개혁의 필요성과 구체적인 방안을 설명했다. 농업과 식품을 결합해 농식품산업으로 가야 한다, 농업이 1차산업에 머무를 것이 아니라 2차·3차산업을 결합한 6차산업으로 바꿔야 한다고 강조했다. 나는 경쟁력이 없다고 버려진 품목인 참다래를 7대 과수로 만들었고, 구황작물인 고구마를 건강 기호식품으로 바꿔 가치를 4배로 신장시켰다.

내 제안이 마음을 움직였는지 이명박 후보는 곧바로 임태희 후보 비서실장을 내게 보내 선거캠프에 참여해 공동선대위원장을 맡아 줄 것을 제안했다. 나는 이 후보와 대면도 안 해 보고 그렇게 할 수는 없다고 1차 거절을 했다.

11월 14일 롯데호텔 비즈니스룸에서 이 후보와 첫 독대를 하게 됐다. 그 자리에서 이 후보는 농업을 산업으로 키울 테니 꼭 공동선대위원장을 맡아 줄 것을 다시금 요청했다.

나는 내가 그럴 수 없는 이유에 대해 설명했다. "첫째, 농업 분야에서 오랜 기간 열심히 노력하고 있는 다른 농업단체장들이 있습니다. 둘째, 저는 300명을 이끌고 있는 신지식인중앙회 회장입니다. 수만 수천을 이끌고 있는 농업인 단체장들보다 표에 큰 도움이 되지 않습니다. 셋째, 참다래유통사업단을 이끌고 있는데, 20년간 쌓아온 사업단체이기에 정리하는 것이 쉽지 않습니다. 넷째, 저를 보물로 생각하신다면 장롱 속에 넣어놓고 쓰고 싶을 때 쓰십시오. 조용히 돕겠습니다. 그럼에도 불구하고 꼭 공동선대위원장을 맡으라고 하신다면 맡겠습니다."

이 후보는 말없이 생각에 잠겼다. 그리고 잠시 뒤 손을 꼭 잡고 고맙다는 말씀을 남기셨다. 나는 그렇게 선대위원장직이 아닌 한나라당 경제살리기 위원으로 참여해 이명박 정부에서 초대 농식품부 장관으로 발탁되었고, 내가 입안했던 농식품 정책들을 총괄하게 되었다.

2008년 2월 15일, 장관 내정자 신분으로 이명박 당선자를 만났다. "농업이 살아나야 경제가 함께 삽니다. 정 회장의 요구대로 농업이 새롭게 발전할 수 있도록 책임지고 맡아 주셔야겠습니다."

"저는 지금까지 재야에서 농업을 해 왔기에 행정 경험이 부족합니다. 내로라하는 간부들이 농업혁신을 따라 주지 않으면 공염불이 되고, 저는 지나가는 과객 장관이 될 수밖에 없습니다. 저를 발탁하시는 것은 농업을 산업으로 혁명적으로 혁신하기를 바라시기 때문일 텐데, 그게 가능하겠습니까? 대통령님의 기대에 부응할 수 있는 길은 하나 있습니다. 저에게 인사권을 주십시오. 그러면 신명을 바치겠습니다."라며 너무도 건방진 제안을 드렸는데 대통령께서 흔쾌히 받아 주셨다.

그렇게 해서 정학수 기획조정실장을 차관으로 발탁해 주셨다. 정학수 차관은 나와 나이, 고향, 대학과 대학원까지 같았다. 한 고을에서 장·차관이 동시에 나온 것은 극히 이례적인 일이었다. 그러한 파격으로 취임 첫날부터 강도 높게 농업 개혁에 착수할 수 있었다.

농식품부 장관으로 내정되고 나서 내가 제일 먼저 한 일은 소금, 즉 천일염을 농식품부로 가져와 기초식품으로 육성한 일이었다.

그때만 해도 천일염은 광물로 분류해 지식경제부(현 산업통상자원부)에서 관리하고 있었다. 모든 음식, 특히 전통발효식품의 기초가 되는 천일염이 무기물질인 광물로 천대받아온 것이었다.

우리나라 서남해안은 세계적인 소금 생산지로 손색이 없다. 세계 최고로 알려진 프랑스의 게랑드 소금과 비교해도 별 차이가 없다. 그런데도 가격은 60분의 1 수준에 불과했다. 소금에 대한 인식이 그렇다 보니 당연한 귀결이었다.

그러한 사실을 깊이 인식하고 있던 나는 이명박 대통령이 주재한 장관 내정자 워크숍에서 문제를 제기했다. "소금이 광물입니까? 식품입니까?"라는 질의로 화두를 던지고 기초식품인 소금의 중요성을 역설, 지식경제부에서 관리하던 소금을 농식품부로 이관해 기초식품으로 육성했다.

소금을 식품으로, 된장·간장·고추장·김치·젓갈 발효식품을 5대 식품으로 선정하여 한식 세계화를 선포하였다.

취임 후에는 오랜 현장 경험을 바탕으로 돈 버는 농어업, 살맛 나는 농어촌 건설을 위해 근본적인 개혁에 착수했다. 중앙정부가 주도하던 농업정책을 현장 중심, 수요자 중심으로 바꾸기 위해 전국의 시장, 군수들과 농정 워크숍을 개최했다. 지역의 농산물 판매를 전담하는 시군 단위 유통회사 설립, 국가식품단지 조성, 농업인이 주도하는 품목별 대표조직 육성, 도시민들의 귀농·귀촌을 장려하기 위한 농어촌뉴타운 조성 등 기존의 정책과는 확연히 다른 실질적인 정책으로 농업과 농촌에 희망과 활력을 불어넣었다.

광우병 파동의 주무장관 정운천

장관으로 취임할 당시 농정의 가장 큰 현안은 한미 쇠고기 협상이었다. 이명박 정부 출범 전부터 뜨거운 감자였다. 참여정부에서 시작해 1년 가까이 진행되었지만 타결짓지 못하고 새 정부의 손으로 넘겨진 것이었고, 엑스레이까지 동원한 뼛조각 검역으로 한미 간의 불신이 깊어질 대로 깊어진 상태였다. 또한 미국이 OIE(국제수역사무국) 기준을 충족시켜 광우병 위험 통제국이 됨에 따라 새로운 기준을 받아들일 수밖에 없는 입장이었다. 이에 따라 미국에서 강화된 사료 금지 조치를 공포할 경우 OIE 기준을 수용한다는 것이 참여정부 때부터의 정부 방침이었다.

그런 만큼 운신의 폭이 없는 협상이었지만 나는 사표를 내겠다는 각오로 협상 중단까지 선언해 가며 미국 측을 압박했고, 마감 시한까지 연장해 가며 밀고 당기는 실랑이를 거듭한 끝에 마침내 협상을 타결시켰다.

하지만 광우병 공포를 부각시킨 MBC 〈PD수첩〉의 왜곡 보도는 국민들의 불안과 분노를 불러일으켰고, 전국을 뒤덮은 촛불시위는 국정을 마비시켰다. 농정 또한 예외가 아니었다. 시군 유통회사, 농어촌뉴타운, 품목별 대표조직 등 취임 후 착수한 각종 개혁정책들이 촛불 정국에 밀려 표류했고, 어렵게 이루어낸 농업 종사자들의 결속력에도 균열이 생기기 시작했다.

이래서는 안 된다고 판단한 나는 특단의 조치를 마련했다. 나를 포함해 직접 관련된 직원 30여 명으로 TF팀을 구성해 촛불 정국에 대처하고, 다른 직원들은 모두 본연의 업무에만 충실하도록 지시했다. 특히 부서 담당과장들에게 해당 분야의 장관이란 생각을 갖고 정책을 차질 없이 추진하도록 독려하고, 장관 판공비 중에서 100만 원씩을 70여 명의 과장들에게 '신바람 사기진작비'란 이름으로 지급했다. 그러한 조치에 힘입어 촛불 정국의 광풍 속에서도 각종 개혁 정책이 차질 없이 추진되었다.

광우병 파동에 따른 국민의 불안은 거꾸로 생각하면 식탁 안전에 관한 관심과 요구였다. 광우병 시기에 소값 하락으로 축산농가를 운영하던 3명이 극단적인 선택을 하는 상황도 발생했다. 나는 광우병 파동을 역이용하여 농산물 둔갑판매 방지법을 만들어야겠다고 결심했다. 과거에는 외국에서 돼지고기 삼겹살이 들어오면 모두 국산으로 둔갑하였고, 닭고기 등도 마찬가지였다. 미국산 쇠고기는 방목 사육

한 소를 6개월 동안 축사에 가두어 곡물사료를 먹여 이른바 마블링이 많이 나오게 함으로써 국산으로 둔갑시켰다. 이렇게 국산으로 둔갑시켜 얻는 이익이 3조 원에 달하다 보니 저항이 엄청났다. 농산물 둔갑판매 방지는 식품위생법으로 추진했으나 저항이 심해서 진행하지 못하고 농산물품질관리법으로 추진하여 곡절 끝에 통과되었다. 둔갑판매 방지법으로 농가에 3조 원 이상의 수익이 발생했고, 축산농가 전체에 큰 이익을 안겨 주었다.

쇠고기는 물론 돼지고기, 닭고기, 쌀, 배추, 김치 등으로 품목도 확대했다. 특별사법경찰관, 명예시민감시단 등을 대폭 확대하고 신고포상금제를 도입해 둔갑판매를 원천 봉쇄했다. 그 결과 미국산 쇠고기 수입 재개에도 불구하고 한우는 품질 차별화에 성공해 지속적인 성장세를 유지했다. 음식점은 음식점대로 소비자의 신뢰를 확보하고, 소비자는 소비자대로 원하는 고기를 믿고 선택할 수 있게 되었다. 이러한 노력에 힘입어 광우병 파동은 생산자와 소비자, 음식점 모두가 만족하는 신뢰받는 식거래 문화를 정착시키는 기회가 되었다.

한편 〈PD수첩〉의 왜곡 보도로 촉발된 촛불시위를 진화하기 위해 나는 할 수 있는 모든 방법을 다 동원했다. 그래도 촛불은 하루가 다르게 확산되었고, 시위대는 '매국노'니 '광우병 오적'이니 하며 나를 매도하고 저주했다. 나는 협상의 잘잘못을 떠나 격앙된 국민감정을 가라앉히기 위해서는 누군가 책임을 져야 하고, 그 누군가는 주무장관인 내가 되어야 한다고 생각했다.

촛불시위가 극에 달했던 6월 10일 나는 혈혈단신으로 광화문 촛불

시위 현장을 찾아갔다. 어떤 불상사가 일어날지 모른다며 모두가 붙잡고 만류했지만, 국민과 소통하지 않고는 사태를 해결할 수 없다는 판단에 따라 위험을 무릅쓰고 달려갔다. 시위대에 가로막혀 자유 발언대에는 오르지 못했지만, 정부의 진정성을 알려 시위가 진화단계로 접어드는 계기가 되었다.

그로부터 보름여가 지난 6월 27일, 나는 원산지표시 관계기관 간담회에 참석하기 위해 농산물품질관리원 대전지원을 방문했다. 그때 500여 명의 시위대가 정문을 막고 시위를 벌였다. 관계자는 시위대를 피해 후문으로 들어갈 것을 권유했지만 나는 일언지하에 거절했다. 시위대와 실랑이가 벌어져 안경이 깨지고 양복이 찢어지는 불상사를 당했지만 정정당당하게 정문을 통해 들어갔다.

회의를 마치고 나올 때에도 시위대가 가로막고 있다는 것을 확인한 나는, 뒷문으로 나가시라는 권유를 받았지만 그럴 수는 없었다. 당당히 대화를 제안했다. 대화는 받아들여졌고, 나는 와이셔츠 차림으로 한 시간 넘게 정부의 입장을 설명했다. 서로가 주장하는 부분이 너무나도 차이가 있었기 때문에 서로 이해하는 데는 한계가 있었지만, 각자의 입장을 이야기하고 대화가 끝나갈 무렵, 한 아이가 달려와 계란을 하나 건네주었다. 던지려고 가져왔는데 얘기를 듣고 보니 그럴 필요가 없어 선물로 준다며 시위대 속의 한 아주머니가 아이를 시켜 건네준 것이었다. 나는 그 계란을 박제로 만들어 대화와 소통의 상징으로 소중히 간직하고 있다.

야인 정운천

그해 8월, 나는 광우병 파동의 책임을 혼자 짊어지고 장관 자리에서 물러났다. 농정개혁을 시작만 하고 물러나는 것이 아쉽긴 했지만, 후회는 없었다. 어찌 됐든 온 나라를 뒤흔든 광우병 파동에 대해 주무장관으로서 책임을 진 것이었다.

졸지에 야인이 된 나는 왜 이렇게 말도 안 되는 광우병 사태가 일어났는지, 그것이 역사 속에서 무엇을 의미하는지를 찾기 위해 100일간의 일정으로 전국 순례를 시작했다. 먼저 목포에서 멀리 떨어진 섬 신의도를 찾았다. 신의도는 앞에서 언급한 것처럼 광물로 취급받던 것을 가져와 식품으로 육성시킨 천일염의 고장이었다.

5개월여의 짧은 재임 기간이었지만 나는 천일염을 기초식품으로 육성하고, 천일염을 기반으로 하는 5대 발효식품을 글로벌 식품으로 육성하기 위한 한식 세계화 사업도 시작했다. 덕분에 침체일로에 있던 소금산업은 새로운 전기를 맞았고, 국내 천일염의 65%를 생산하는 신안군, 그 중심인 신의도에는 활기가 넘쳐나고 있었다.

전국 순례의 마지막 일정으로는 우리의 맛과 얼을 간직하고 있는 안동의 종갓집을 찾았다. 퇴계 이황, 학봉 김성일, 농암 이현보, 서애 유성룡 등을 거치며 400~500년을 이어온 종택은 단순한 전통가옥이 아니었다. 그 자체가 하나의 문화 콘텐츠였다. 음식과 제사 등 생활방식은 물론 선비정신까지도 그대로 계승되고 있었다.

종택의 이점은 그것만이 아니었다. 여러 종택에서 전통을 지키며 만들어온 발효식품은 문화상품 못지않은 부가가치를 창출할 수 있다. 된장·간장·고추장·김치·젓갈 등을 제대로 산업화하면 국내는 물론 세계에서도 알아주는 글로벌 식품으로 키울 수 있다는 희망도 발견했다.

퇴계 선생의 도산서원에 들렀을 때 당나라 고승인 황벽 선사가 지었다는 한시 한 수를 만났다.

不是一番寒徹骨(불시일번한철골)
爭得梅花撲鼻香(쟁득매화박비향)
뼈를 깎는 추위를 한 번 만나지 않았던들
매화가 어찌 코를 찌르는 향기를 얻을 수 있으리오.

도산서원에서 만난 시 한 수에서 깨달음을 얻었다. 광우병 사태에서 얻은 분노가 한순간에 사라지는 전율을 느꼈다. 혹독한 추위 속에 코를 찌르는 매화 향기처럼 고통과 분노 그리고 아픔을 희망의 향기로 승화시켜 보자는 생각만으로도 가슴이 뻥 뚫리는 기분이었다. 나는 전국 순회 강연을 시작했다. 전국의 농어촌 현장을 찾아다니며 농정 경험과 노하우를 전파하고 희망의 향기를 전했다. 원하는 곳이면 어디든지 마다하지 않고 달려갔다. 1년 반에 걸쳐 전국 170여 곳을 순회했으니 일주일에 두세 곳씩 찾은 셈이었다.

장관으로 재직하며 겪은 격동의 시간과 사건들을 엮어 『박비향』이란 책을 발간했다. 어려운 여건 속에서도 농업과 농촌을 위해 내가 한 일들을 돌아보며 성찰과 교훈을 얻기 위해서였다.

전북지사 후보 정운천

2010년 지방선거를 앞두고 나는 청와대의 연락을 받고 안가에서 이명박 대통령을 만났다. 저녁 식사를 하던 중 이 대통령은 전북에 대해 서운한 것이 있다면서 말을 꺼냈다.

이명박 정부 들어 22조 원 규모의 새만금종합개발을 확정하는 등 전북에 많은 지원을 하고 있는데 어떻게 집권여당의 지지율이 7%, 8%밖에 되지 않느냐는 것이었다. 그러면서 내게 "에너지 넘치는 정 장관이 도지사로 출마하여 고질적인 지역장벽을 깨는 데 밑거름이 되어 달라"고 간곡히 부탁하시는 것이었다.

고민 끝에 나는 출마를 선택했다. 지역주의의 두꺼운 벽은 깨지 못하더라도 물꼬는 터야 한다는 판단에서 한나라당 후보직을 수락했다. 그렇게 나는 또다시 형극의 길로 들어섰다.

출마를 결심하고 나자 해남에서 농사짓던 일이 떠올렸다. 5년 5개월 동안 비닐하우스에서 생활하면서 농민들과 소통하던 일이 주마등처럼 머리를 스쳤다. 지역장벽을 타파하는 것은 그보다 훨씬 더 힘들고 어려운 일이었다. 한나라당이라는 말만 들어도 고개를 흔드는 도민들에게 다가가기 위해서는 진정성을 보여야 하고, 그러기 위해서는 뭔가 특단의 조치가 필요했다.

나는 여고에서 교사 생활을 하고 있던 집사람을 설득했다. 지역장벽을 깨기 위해서는 내가 가진 것을 버리고 전북에 올인하는 모습을 보여야 한다, 사즉생의 자세가 필요하다, 당신이 도와 달라…. 일주일 넘게 설득하자 아내는 평생을 바쳐온 교직을 버리고 나를 따라나섰다.

선거기간 내내 나는 '쌍발통'을 외쳤다. 두 개의 바퀴가 균형을 이뤄야 앞으로 굴러간다. 전북도 마찬가지다. 여당과 야당이 함께 가야 실종된 정치가 살아나고 책임정치 시대가 올 수 있다. 그래야 전북이 발전되고 나라가 발전할 수 있다… 목이 터지라 외치고 설득했다. 또한, 전북의 새벽을 깨우는 장닭이 되겠다는 의미에서 '꼬끼오'를 소리 높여 외쳤다. 그러한 노력의 결과 한나라당 후보로는 처음으로 두 자릿수를 넘어 18.2%라는 최고의 득표율을 기록했다.

당선은 되지 못했지만 나는 선거가 끝난 뒤에도 공약을 지키기 위해 노력했다. 왕궁축산단지의 환경개선사업에 대한 공약을 지키기 위해 관련 부처를 찾아가 현황과 대안을 제시하며 설득하고, 현장을 다시 찾아 지역주민들에게 진행 상황을 설명했다. 그러한 노력 끝에 사업 추진에 필요한 정부 예산을 확보했고, 주민들은 내게 감사패까지 만들어 주며 고마움을 표시했다.

하지만 핵심 공약으로 제시했던 LH공사 전북 이전은 끝내 지키지 못했다. 이에 나는 스스로 함거에 갇혀 일주일 동안 전주 시내를 순회하며 도민들께 사죄했다. 비록 선거에서 떨어졌을망정 내가 한 공약에 대해서는 끝까지 책임지는 모습을 보였다.

19대 국회의원 후보 정운천

그로부터 2년이 지난 2012년, 제19대 국회의원 선거에서 나는 한나라당 후보로 전주 완산을 지역구에 출마했다. 중앙당으로부터 비례대표 제안도 받았지만 나는 나서는 사람이 아무도 없는 험지에서의 출마를 선택했다. 지역장벽을 넘어 여야가 공존하는 정치구조를 만들기 위해서는, 쌍발통 전북을 만들어 전북의 수레바퀴를 앞으로 굴리기 위해서는 아무리 힘이 들더라도 지역구 의원이 되어야 한다는 판단에서였다.

하지만 현실은 생각보다 더 험난했다. 한나라당에 대한 시민들의 반응은 예상보다 훨씬 더 냉담했다. 말 그대로 계란으로 바위를 치는 격이었다.

그때마다 나는 해남에서의 생활을 떠올렸다. 농민들보다 더 어려운 생활을 자청함으로써 진정성을 보이고, 그것을 바탕으로 신뢰를 얻고자 선택했던 비닐하우스 생활. 그때처럼 자갈밭을 쟁기질하는 농부의 마음으로 한 걸음 한 걸음 다가갔다.

"제가 아니어도 좋습니다. 11명의 의원 중 단 한 명만이라도 바꿔주십시오! 그래야 전북이 달라질 수 있습니다!"

선거기간 내내 나는 간절히 호소했다. 거리에서 지나가는 시민들을 붙잡고, 시장을 찾아가 상인들의 손을 잡고, 방송토론이나 언론 인터뷰를 통해 변화의 물꼬만이라도 터 달라고 간청했다.

선거운동도 완전히 바꿨다. 요란한 음악과 율동을 배제하고 마을 청소, 일손 돕기, 교통정리 등 지역에 꼭 필요한 봉사활동을 전개했다. 선거운동 기간에라도 지역과 주민을 위한 일을 하자고 선거운동의 패러다임을 바꾼 것이었다.

그러한 노력의 결과 나는 민주당 후보와 박빙의 승부를 펼쳤다.

개표 결과 득표율 36%. 민주당 후보에 11% 뒤졌지만, 전북에서는 엄청난 성과였다. 조금만 더 뛰었으면, 조금만 더 노력했으면 지역주의의 벽을 허물 수 있었는데 마지막 고비를 넘지 못한 것이 너무나 아쉬웠다.

하지만 36%의 득표는 분명 의미 있고 희망적인 수치였다. 끝내 넘지는 못했지만, 넘지 못할 벽은 아니라는 희망을 심어 주기에 충분했다. 새누리당에는 가능성이라는 희망을, 민주당에는 각성의 계기를 부여해 준 엄청난 사건(?)이었다.

새누리당 전북도당위원장 정운천

선거에서는 떨어졌지만 지역장벽 극복을 위한 소신과 노력은 조금도 줄어들지 않았다. 아니 더 강하게 타올랐다. 총선에서의 선전을 바탕으로 그해 7월 새누리당 전북도당위원장에 취임한 나는 집권여당 및 중앙정부와의 소통에 총력을 기울였다.

때마침 12월의 대통령 선거를 앞두고 선거 열기가 고조되고 있었다. 나는 대선정국을 활용해 전북의 숙원사업을 해결해야 한다는 판단하에 당내에 지역화합특별위원회 구성을 제안했다. 현역의원이 한 명도 없는 호남지역을 위해 특별위원회가 필요하다고 수차례 당 지도부를 찾아가 설득했다. 대선을 앞둔 상황에서 나의 제안은 받아들여졌고, 곧바로 현역의원 16명이 참여하는 특별위원회가 구성되었다. 나는 5선의 남경필 의원과 함께 공동위원장을 맡았다.

당시 전북의 가장 큰 현안이 새만금개발청 설립이었다. '단군 이래 최대의 역사'라는 새만금 개발을 제대로 추진하기 위해서는 책임 있는 전담 기관이 필요했고, 이를 위해서는 새만금특별법 개정을 통한 법적 뒷받침이 선결과제였다.

나는 특위에서 이 문제를 해결해야 한다고 판단, 특위 회의를 새만금 현장에서 개최하자고 제안해 관철시켰다. 그리고 회의를 위해 새만금으로 내려오는 새벽의 버스 안에서 남경필 의원에게 개정안 대표발의를 요청했다. 5선 중진인 남 의원이 나서야 법안 개정이 탄력을 받을 수 있다는 판단에서였다. 처음에는 소관위원회가 다르다며 거절하던 남 의원은 끈질긴 나의 설득에 결국 수락, 기자회견을 통해 새만금개발청 설립을 골자로 하는 새특법 개정안을 대표발의했다.

하지만 나는 그것으로 만족할 수 없었다. 오후의 광주 회의까지 마치고 상경하려는 위원들을 버스 대신 공항으로 안내, 30여 분의 여유 시간을 활용해 한 분 한 분 붙잡고 협조를 요청했다.

그러한 노력의 결과 일주일 만에 여야 의원 170명의 서명을 받았고, 당시 여야의 대선후보였던 박근혜, 문재인 후보의 서명까지 이끌어냈다. 그다음은 일사천리였다. 국회에 상정된 지 13일 만에 본회의까지 통과, 헌정사에 유례가 없을 만큼 빠른 사례를 만들어냈다. 그로부터 10개월 후인 2013년 9월 국무총리 직속의 새만금개발청이 정식으로 출범함으로써 새만금 개발은 새로운 전기를 맞이할 수 있었다.

그 당시 전북에는 또 하나의 커다란 현안이 있었다. 국민연금 기금운용본부의 전북 이전 문제였다. 경남 진주로 이전이 결정된 LH공사를 대신해 전북에 내려오는 기관이 국민연금관리공단이었다. 연금공단은 LH공사에 비해 기관 규모나 임직원 수는 적었지만, 연간 406조 원의 막대한 기금을 운용하는 국내 최대의 투자기관이었다. 증권회사와 은행 지점 등 관계사만도 330여 개사에 달했다. 삼성전자 현대자동차 포스코 등의 대기업을 비롯해 222개 사의 지분을 5% 이상 소유하고 있었다. 유치 효과를 극대화할 경우 LH공사에 못지않은, 어쩌면 그보다 더 막대한 파급 효과를 창출할 수 있었다. 그러기 위해서는 기금운용본부가 함께 내려와야 한다. 자금을 운용하는 기금운용본부는 서울에 남고 연금공단만 이전하면 그야말로 속 빈 강정이 될 수 있다.

그러한 판단에서 나는 도지사 선거 후부터 이명박 대통령을 면담하고 기금운용본부의 동반 이전을 요청했다. 대통령 비서실장, 보건복지부 장관, 연금공단 이사장도 차례로 만나 협조를 당부하는 등 적극적인 노력을 전개했다.

하지만 정부의 반응은 부정적이었다. 기금운용본부 임직원을 비롯해 관계사 모두가 반발한다는 이유를 들어 현실적으로 어렵다는 것이었다. 인프라가 없는 전북으로 이전할 경우 효율성이 떨어진다는 것이 또 다른 이유였다.

대선정국은 그러한 상황을 바꿀 수 있는 절호의 기회였다. 때마침 민주당의 문재인 후보가 기금운용본부의 전북 이전을 공약으로 발표했다. 전북의 최대 현안인 새만금개발청 설립을 나와 새누리당에서 주도하자 맞불을 놓은 것이었다.

정부와 새누리당에서도 검토하지 않을 수 없다고 판단한 나는 보다 전략적인 방안을 고민했다. 민주당처럼 공약으로 제시하게 할 수도 있었지만, 그것만으로는 부족하다는 생각이 들었다. 공약이란 것이 실현을 보장하는 것은 아니기 때문이었다.

그래서 생각한 것이 법제화였다. '금융중심지 조성과 발전에 관한 법률'을 만들어 한국거래소를 부산으로 이전한 것처럼 지역 균형발전을 위해 '기금운용본부의 소재지를 전북으로 한다'고 법으로 명시하는 것이었다. 그렇게 되면 누가 대통령이 되든 이행할 수밖에 없으므로 공약으로 채택하는 것과는 차원이 달랐다.

더구나 국회에는 김재원 의원이 입법 발의한 '기금운용본부 공사화 법률안'이 계류 중에 있다. 이 법안에 '소재지를 전북으로 한다'는 조항만 삽입하면 된다. 그렇게 되면 대선 결과와 관계없이 기금운용본부는 전북으로 내려올 수밖에 없다.

그러한 판단에서 나는 김무성 선대위 총괄본부장을 찾아갔다. 민주당의 공약화에 대한 전북의 민심을 전하고 분위기를 바꾸기 위해서는 공약보다 더 확실한 법제화가 필요하다고 설득했다. 아울러 법제화에 대한 약속을 전북도민들 앞에서 직접 해 줄 것을 요청했다.

나의 끈질긴 설득과 요구에 김무성 본부장은 '두 손 들었다'며 직접 전주로 내려왔다. 2012년 11월 22일, 도의회에서 기자회견을 열어 기금운용본부를 전북으로 이전하는 법안을 발의하겠다고 약속했다.

그다음 날 법으로 기금운용본부를 전주로 가져오겠다는 플래카드를 전주 전역에 게시했다. 여기에 힘입어 그다음 해 2013년 6월 기금운용본부 전북 이전을 골자로 하는 국민연금법 개정안이 국회를 통과했다. 새만금개발청 설립에 이어 또 하나의 숙원사업이 결실을 본 것이었다.

된다 된다 꼭 된다, 정운천

20대 총선이 1년 앞으로 다가온 2015년, 나는 마음이 착잡했다. 고질적인 지역주의의 벽을 넘겠다고 정계에 입문했지만 도지사 선거와 국회의원 선거에서 연거푸 고배를 마신 뒤였다. 21대 총선에 다시 도전하려니 외롭고 두려웠다.

처음부터 각오는 했었다. 수십 년 동안 지속된 지역장벽이 어찌 하루아침에 쉽게 극복되겠는가? 최소한 10년은 도전하고 또 도전해야 한다. 작심은 했지만 막상 현실로 맞닥뜨리자 너무 외롭고 힘들었다.

게다가 가족을 포함해 주변 사람 모두가 반대했다. 이제 할 만큼 했으니 쉬운 길을 찾아도 되지 않느냐? 왜 그 무거운 짐을 또 짊어지려고 하냐? 서울로 올라가 쉬운 곳에 출마해라, 비례대표로 가라, 정치는 그만두고 대통령께서 제안하신 네덜란드 대사로 가라….

하나같이 말리고 반대만 할 뿐 전주에서 다시 도전하는 것에 대해 찬성하는 사람은 한 사람도 없었다. 지역주의의 벽을 깨겠다는 내 뜻에는 고개를 끄덕였지만 그것이 가능하리라 믿어 주는 사람은 단 한 사람도 없었다. 그만큼 했으면 됐다, 붙잡고 만류할 뿐이었다.

그런 상황에서 다시 도전하자니 외롭고 두려웠다. 아무도 없는 무인도에 혼자 버려진 느낌이었다. 몸도 마음도 탈진해 며칠 동안 드러눕기도 했다.

그래도 포기할 수는 없었다. 아무리 힘들고 외롭고 두려워도 가야만 하는 길이었다. 내가 깨지 않으면 언제까지나 두꺼운 장벽으로 남아 있을 것이었다. 부서지는 가슴을 끌어안고라도 갈 수밖에 없었다.

"그래. 모두가 안 된다고 하지만 나는 아니다. 나는 된다고 생각한다. 나는 된다. 나는 꼭 될 것이다."

나는 그렇게 내 스스로를 위로하고 격려했다. 그리고 힘에 부치고 마음이 고달플 때마다 주문처럼 중얼거렸다. 된다. 된다. 꼭 된다. 된다 된다 꼭 된다….

하루에도 몇 번씩 반복하자 운율이 생겼고, 반복적인 리듬을 넣고 율동까지 가미했다. 단순한 동작과 구호성 리듬으로 응원가처럼 만들어 '된다송'이라고 이름 붙였다.

"된다 된다 된다! 된다 된다 된다! 된다 된다 꼭 된다!"

그때부터 나는 경로당 등을 방문해 어르신들을 뵐 때면 그 노래를 알려 드렸다.

"어르신들 아들딸 잘되라고 제가 노래 하나 만들었는데 같이 불러 보실래요?" 하면서 '된다 된다 꼭 된다'를 선창했다. 그러면 열 분 중에 서너 분이 따라 하셨다. 나는 목소리를 높여 다시 제안했다.

"아니, 어르신들, 제가 어렵게 노래를 만들었는데 같이 안 하시면 서울에 있는 아들딸들 잘 안돼요. 잘되게 기도하는 마음으로 같이 해요."

그렇게 두 번 세 번 반복하면 열 명 모두가 따라 했다. 들리는 경로당마다 그렇게 전파하자 그 노래는 얼마 지나지 않아 '정운천의 된다송'으로 전주 시내에 널리 퍼졌다.

그렇게 나는 내 자신에게 주문을 걸었다. 어렵고 힘들다는 얘기를 들을 때마다 된다 된다 꼭 된다, 된다송을 불렀다. 그러면 정말로 될 것 같은 믿음이 생겼다. 기운이 나고 헤쳐나갈 힘과 용기가 솟았다.

그렇게 '된다 된다 꼭 된다'는 희망가가 전주 전역에 울려 퍼지는 사이 시간은 흘러 2016년 제20대 총선이 눈앞으로 다가왔다.

차례

프롤로그
평생을 걸어온 '경산'의 길 ································· *004*

1장
선거혁명

혁명의 아침 ································· *035*

전중대교 ································· *039*

지역주의 타파의 아이콘 ································· *043*

새만금 투자 활성화를 위해 ································· *047*

여당도 야당도 아닌 '전북당' ································· *051*

국정감사의 패러다임을 바꾸다 ································· *055*

'일자리 세계화' 논란의 진실 ································· *059*

국정농단의 격랑 속에서 ································· *063*

지도부에 반기(反旗)를 들다 ·················· 067

전북예산 제대로 챙겨라 ·················· 070

대통령 탄핵에 동참하다 ·················· 074

윤리위원회 파동 ·················· 078

새로운 개혁보수의 길로 ·················· 081

2장
개혁보수의 아이콘

바른정당 창당 ·················· 087

명분과 실리 사이에서 ·················· 091

바른정당을 민생 실용 정당으로 ·················· 095

〈민생특위 20〉 출범 ·················· 099

새로운 정치실험, 국민통합포럼 ·················· 103

탈원전 정책 재고하라! ·················· 107

전북예산 지킴이 ·················· 111

3장
민생정치, 실용정치

동서화합의 바른미래당 출범 *119*
당이 바뀌어도 민생이 최우선 *123*
또 하나의 시험대, 6·13 지방선거 *127*
갈등과 대립의 조정자로 *131*
당 대표 선거와 의원 본연의 업무 *136*
천일염을 다시 살려야 *140*
농업인을 위한 농업기관이 되어야 *144*
세월호 아픔, 벌써 잊었나? *148*
원전 수출전략지구 조성하라! *153*
쌀 대책, 패러다임을 바꿔야 *158*
마을 단위 태양농사 모델 *162*
농어촌 상생에 대기업이 적극 나서야 *166*
상산고를 지켜라 *170*
새만금의 미래 *177*

4장
보수 대통합

패스트트랙의 회오리 ——————————————— *185*

지역주의 타파, 석패율제가 대안이다 ——————— *189*

전주 회군 ———————————————————— *193*

암초, 또 암초 ————————————————— *197*

외로운 선택 ————————————————— *202*

5장
진정한 국민통합과 전북특별자치도

한국탄소산업진흥원 설립 ————————————— *209*

보수정당과 5·18 사이의 두꺼운 얼음장벽을 녹이다 ——— *218*

쌍발통 전북이 빚은 최고의 작품, 특별자치도 ————— *227*

또 하나의 기적, 이차전지 특화단지 지정 ——————— *236*

헌정사상 전무후무한 7년 연속 예결위원 ——————— *243*

[부록]

사진으로 보는 정운천 ——————————————— *254*

전북예산의 변화 ————————————————— *274*

1장

선거혁명

혁명의 아침

자정을 지나면서 표 차가 점점 줄어들었다. 개표 초반 2천 표 넘게 벌어졌던 것이 어느새 7백여 표까지 좁혀졌다. 내가 2.3% 이기는 것으로 발표된 출구조사 결과에 고무되어 있던 사무실 분위기가 착 가라앉았다. 현장에서 방송보다 먼저 개표 현황을 전해 주는 참관인의 목소리에서도 불안감이 묻어났다.

"물 좀 주세요."

나는 보좌관에게 물병을 건네받아 벌컥벌컥 들이켰다. 그래도 타는 듯한 갈증은 가라앉지 않았다. 손에는 여전히 땀이 배고 등에서는 식은땀이 줄줄 흘렀다.

"피곤해서 잠시 눈 좀 붙여야겠어요."

나는 그만 자리에서 일어났다. 마음이 불안해 더 이상 지켜볼 수 없었다. 차라리 보지 않는 게 나을 것 같았다. 연호하는 지지자들을 뒤로하고 서둘러 집으로 돌아왔다.

세상에는 내 일과 네 일이 있고 하늘의 일이 있다고 한다. 지난 몇 달, 아니 지난 4년간 나는 정말 최선을 다했다. 이기고 지는 것을 결정하는 것은 내 일이 아니다. 하늘의 일이다. 마음을 졸이며 지켜본다고 달라지는 것이 아니다. 최선을 다해 내 일을 했으니 하늘의 일을 차분히 기다리자….

나는 방으로 들어와 아무렇게나 침대 위에 누웠다. 물먹은 솜처럼 몸이 축 늘어졌다. 눈을 감았지만 잠은 오지 않았다. 거실에서 아내와 아이들이 TV를 보며 내뱉는 환호와 탄식이 꿈결처럼 느껴졌다. 머릿속에서는 지난 4년간의 일들이 흐트러진 퍼즐 조각처럼 어지럽게 난무했다.

…

4년 전 19대 총선에서 낙선은 했지만 나는 희망을 발견했다. 득표율 36%, 당선된 민주당 후보와의 격차는 11%. 보수당 후보로는 두 자릿수 득표조차 어려운 전북에서 놀라운 수치였다. 그토록 굳고 견고했던 지역주의의 벽이 조금씩 허물어지고 있었다. 전북은 물론 중앙의 언론에서도 의미를 부여하고 보도할 정도로 큰 반향을 일으켰다.

수십 년간 지속된 고질적인 지역장벽을 깨고 동서화합을 이루는 일이었다. 한두 번의 도전으로 깨질 것이 아니었다. '적어도 10년은 투자해야 한다'. 6년 전 전북지사 선거에 나설 때부터 나는 그렇게 각오했다. 그런 만큼 여기서 포기할 수는 없었다. 내가 포기하면 그 누구도 나서지 않을 것이고, 허물어지던 지역주의는 더 단단히 굳어버릴 것이었다. 포기하고 싶어도 포기할 수 없는 길. 그것이 어쩌면 내 운명이요 숙명이었다.

나는 다시 시작했다. 더 열심히 중앙과 전북을 오갔고, 더 많은 도민들을 만났다. 민주당밖에 없는 1당 독점의 전북에서 집권여당인 새누리당의 통로가 되어 전북의 새로운 활로를 여는 데 모든 역량을 다 쏟아부었다.

그리고 20대 총선에 다시 나섰다. 이번이 마지막이라는 각오로 내가 가진 모든 것을 쏟아부었다. 발이 닳도록 전주의 골목골목을 누볐고, 수시로 중앙당과 정부 관계자들을 찾아가 전북 발전, 전주 발전을 위한 지원을 요청했다.

가족들 또한 각자 혁명의 전사가 되어 밤낮없이 뛰었다. 아들 용훈이는 13일 동안 시민들에게 큰절을 올리며 지지를 호소했고, 딸 다은이는 날마다 유세차량에 올라 아빠의 마음을 받아 달라고 호소했다. 아내는 내가 미처 가지 못한 소외지역과 사각지대를 돌며 유권자를 만나 지지를 당부했다. 가족 모두가 전사로 나서 감동적인 선거 캠페인을 전개했다.

선거운동 또한 춤추고 노래하는 기존의 방식을 따르지 않았다. 후미진 골목을 청소하고 소외된 어르신들을 보살펴 드리는 따뜻한 봉사활동으로 전개했다. 눈에 띄기 위해 요란하게 하지 않고 유권자한 분 한 분에게 마음으로 다가갔다. 그렇게 나는 선거기간 내내 내가 할 수 있는 최선을 다했다.

...

깜빡 잠이 들었던 모양이다. 누군가 급하게 흔들어 깨웠다. 번쩍 눈을 떴다. 몽롱한 눈앞에 어렴풋이 비치는 얼굴, 다은이었다.
"아빠, 이겼어! 우리가 이겼어!"
다은이의 목소리가 흥분으로 끓어올랐다. 두 눈에서 눈물이 글썽거렸다. 나는 말없이 다은이를 끌어안았다. 내 눈에서도 뜨거운 눈물이 몇 방울 어른거렸다.

자정을 넘기면서 계속 줄어들던 표 차는 투표함 3개를 남기고 200여 표로 좁혀졌다. 남은 3개의 투표함마저 같은 추세를 보이면 역전될 수밖에 없었다.

그러나 하늘의 도움인지 남은 3개의 함에서 나와 민주당 후보의 표가 엇비슷하게 나왔고, 결국 119표의 근소한 차이로 내가 당선되었다.

차이가 얼마 되지 않자 민주당 측에서 재검표를 요구했다. 선관위에서는 곧바로 재검표에 돌입, 새벽 5시에 이르러서야 최종 111표 차이로 나의 당선이 확정되었다.

도내 233명의 선출직 중 단 한 석도 없는 불모지 전북 전주에서 보수정당 후보로 32년 만에 당선된 것이었다. 고질적이고 망국적인 지역주의의 벽을 허문 전북의 선거혁명은 그렇게 이루어졌다.

전중대교

"전주시민의 위대한 선거혁명에 머리 숙여 감사드립니다. 그동안 여러 차례 말씀드린 것처럼 전북과 중앙을 연결하는 다리, 전중대교의 역할을 충실히 수행하겠습니다."

선관위에서 당선증을 받고 난 다음 나는 곧바로 지역구를 돌며 시민들께 당선 인사를 드렸다. 1당 독주의 민주당 텃밭에서 나를 믿고 지지해 주신 분들이었다. 한 분 한 분이 눈물이 나도록 고마웠다.

동시에 나는 무거운 책임감을 느꼈다. 꽉 막힌 중앙과의 통로를 열고 수십 년간 홀대받은 전북예산을 바로 세우라는 것이 도민들의 준엄한 명령이었다.

나는 다시금 각오를 다졌다. 전북과 중앙정부, 전북과 집권여당을 연결하는 다리. 이름하여 전중대교. 그것이 내가 선거에 출마한 이유요, 앞으로 해야 할 역할이었다. 또한, 전주시민과 전북도민들이 내게 위임해 준 임무요, 시대와 역사가 부여한 사명이었다.

혁명의 아침, 나는 지역구의 시민들을 만나며 다시금 그 사명을 되새겼다.

...

20대 국회 개원일은 5월 30일이다. 선거는 끝났지만 국회 등원까지는 두 달여의 기간이 남아 있었다.

하지만 나는 쉴 수가 없었다. 전북에는 중앙정부와 해결해야 할 과제가 쌓여 있고, 연결 통로가 되어야 할 집권여당 의원은 당선자 신분인 나밖에 없었다.

당시 전북의 가장 큰 현안은 탄소법(탄소 소재 융복합 기술개발 및 기반조성에 관한 법률) 국회 통과였다. 메카를 자처하는 전주의 탄소산업 발전을 위해 반드시 필요한 법이었다. 2014년 발의되어 2년의 시간이 흘렀지만 새누리당의 반대로 계류되어 있었다. 선거운동을 준비하면서 그러한 사실을 알고 있던 나는 당선자 신분임에도 바쁘게 움직였다.

"전주시민들께서 32년 만에 새누리당 후보인 저를 당선시켜 주셨습니다. 그런 시민들께 우리 새누리당에서도 화답을 해야 하지 않겠습니까?"

당 지도부를 면담하는 자리에서 나는 당당하게 요구했다. 선거혁명을 일으켜 준 전주시민들의 기대에 보답해야 한다며 법안 통과에 힘을 모아 줄 것을 요청했다. 새누리당의 불모지 전주에서 32년 만에 당선되었다는 에너지가 당 지도부를 설득할 수 있는 동력이 되었다.

그러한 노력 덕분에 5월 19일 탄소법이 국회 본회의를 통과했다. 불모지에서 내가 당선된 데 고무되어 여당인 새누리당에서 적극적으로 협조한 덕분이었다. 지역 언론에서도 여야 공존과 협력의 본보기가 되었다며 높이 평가했다. 전북과 중앙 사이를 가로막고 있던 벽이 허물어지면서 지역발전의 토대가 마련된 것이었다.

...

국회의원은 한 사람 한 사람이 헌법기관이라고 한다. 국가의 정책을 직접 입안하고 또 의결하기 때문이다.

그러한 활동은 주로 상임위원회를 통해 이루어진다. 의원 각자의 관심과 역량에 따라 상임위를 선택하고, 그와 관련된 분야의 입법활동 등을 수행하는 것이다.

나는 평생을 농업 분야에 종사했다. 이명박 정부에서 초대 농식품부 장관도 역임했다. 그러한 경험을 살려 농해수위에서 활동하는 것이 바람직하지만 농해수위는 하반기로 미뤘다. 나를 믿고 선택해 준 전주시민과 전북도민들이 원하고 바라는 일을 하는 것이 먼저라는 판단이었다.

전주시에서는 문화관광위원회를 권했다. 전주를 문화도시로 발전시키는 데 있어 큰 역할을 해달라는 요구였다.

반면 전북도에서는 산업자원위원회를 권했다. 탄소 산업 발전, 새만금 개발, 중소기업 활성화 등 전주와 전북의 큰 현안들을 해결하기 위해서는 산자위에서의 역할이 꼭 필요하다는 것이었다.

나는 전북도의 권고를 따라 산자위를 선택했다. 문화도 크게 보면 산업이고, 새만금 개발 등 산업 발전의 기반을 구축하는 것이 전북 발전을 위해 더 시급하다는 판단에서였다.

또 일을 하기 위해서는 예산이 제대로 뒷받침되어야 한다는 판단에서 예산결산위원회에도 참여했다.

그렇게 나는 20대 국회를 산자위와 예결위에서 시작하게 되었다.

지역주의 타파의 아이콘

선거가 끝나고 열흘쯤 지난 4월 22일, 서울 광화문에 있는 동아일보 회의실에서 나는 세 분의 지역구 당선자와 자리를 같이했다. 대구의 김부겸(더불어민주당), 부산의 김영춘(더불어민주당), 전남의 이정현(새누리당) 당선자였다. 상대 당의 텃밭이라는 적지에서 기적 같은 승리를 일궈낸 지역주의 타파의 아이콘들이었다. 두 번 세 번의 낙선에도 포기하지 않고 다시 도전해 결국 철옹성 같은 지역주의의 장벽을 뚫은 인간 승리의 주인공들이었다. 당을 뛰어넘어 지역주의의 벽을 허문 4인이 한자리에 모여 이야기를 나누는 것. 그 자체가 2016년 한국 정치의 주목할 만한 장면이라고 동아일보는 좌담회를 마련한 의미를 부여했다.

⋯

"저를 찍는다는 건 지역에서 배신자가 되는 겁니다. 어떤 사람은 1번(새누리당)을 찍으려고 하는데 투표지에서 김대중 전 대통령이 쳐다보고 있더라고 하더군요."(이정현 당선자)

"아이고 말 마십시오. 자기는 분명 2번(더불어민주당)을 찍는다고 찍었는데 찍고 나서 보니 1번이었다는 분도 있습디다."(김부겸 당선자)

그동안의 고생이 뇌리에 깊이 각인되었기 때문일까? 누가 먼저랄 것도 없이 선거운동의 어려움을 토로하는 것으로 이야기가 시작되었다. 당시에는 답답하고 막막했겠지만 지난 일이라 얼굴에는 웃음이 넘쳤다.

나 또한 그 심정을 모를 리 없다. '사람은 쓸 만한데 왜 새누리당 옷을 입고 있느냐? 옷만 바꿔 입으면 떼놓은 당상인데…' 하는 소리를 나 또한 수도 없이 들었다.

비슷한 경험을 하면 마음이 통하는 모양이다. 당도 다르고 자리를 같이한 것도 처음이지만 우리는 서로 잘 아는 사람들처럼 마음이 편하고 이야기도 잘 통했다. 선거운동을 하며 겪은 해프닝에서 이번 선거의 의미와 앞으로의 과제까지 지역주의 타파에 대해 많은 이야기를 나눴다. 지역 정치에 이제 비로소 경쟁 구도가 회복되었다는 이정현 당선자의 말에도, 유권자들이 주권을 되찾은 투표의 '독립선언'이었다는 김영춘 당선자의 말에도 마음으로 공감했다.

"이번 총선에서 선거혁명으로 지역주의 타파가 시작되었다면 이제는 정치제도 개혁으로 이를 뒷받침해야 합니다."

지역주의를 완전히 깨기 위한 방안을 묻는 사회자의 질문에 나는 그렇게 답했다.

그렇다. 이제 겨우 물꼬를 튼 지역주의 타파가 정착되기 위해서는 정치제도 개혁을 통한 뒷받침이 있어야 한다. 그렇지 못하면 일회성으로 끝날 수 있다.

하지만 그 또한 쉬운 일이 아니다. 나는 오래전부터 지역주의를 완화할 수 있는 제도적 장치로 권역별 비례대표제와 석패율제 도입을 주장했다. 이번 선거를 앞두고 정치권에서도 그 필요성을 인정해 도입에 관한 논의가 이루어졌지만, 여야의 첨예한 대립과 시간에 쫓겨 결국 무산되고 말았다.

그런 만큼 20대 국회에서는 개원과 동시에 특위를 구성해 선거제도 개혁에 대한 논의를 시작해야 한다. 그래야 어렵게 물꼬를 튼 지역주의 타파가 정착될 수 있을 것이다.

・・・

"여기 모인 우리 네 사람이 '지방동맹' 같은 걸 맺으면 어떻겠습니까? 요즘 양극화 현상이 국가 성장을 좀먹고 있습니다. 수도권과 지방의 양극화 현상도 심각합니다. 지방이 망하면 국가의 성장 잠재력도 떨어집니다. 각자의 지역에서 지역주의 타파에 앞장선 우리가 지방동맹 정치동맹을 굳건히 해 지역주의 해소와 양극화 해소에 노력하면 지역발전을 이끌 수 있습니다."

좌담회가 마무리될 무렵 김영춘 당선자가 그렇게 제안했다. 모두들 흔쾌히 동의했다. 국민이 바라는 타협과 협력의 정치. 그것은 어쩌면 우리처럼 서로의 고통을 아는 데서 시작되는지 모른다.

하지만 우리의 기대와는 정반대로 20대 국회는 갈등과 분열, 반목과 대립으로 얼룩졌다. 탈당과 분당, 식물국회, 동물국회 등 국민들의 요구와는 정반대로 치달았다. 우리 네 사람 또한 함께하는 자리를 다시 만들지 못했다. 안타깝고 쓸쓸한 마음 감출 길 없다.

새만금 투자 활성화를 위해

"서해안의 배꼽인 새만금을 동북아의 새로운 경제 허브로 만들겠습니다."

지난 2010년 전북지사 선거에 출마한 나는 핵심 공약 중 하나로 새만금의 획기적 개발을 제시했다.

떨어질 것이 불 보듯 뻔한 선거에서 관심이나 끌자고 내세운 빈 공약이 아니었다. 그 이전부터 나는 새만금 개발에 직간접으로 참여했고, 선거에서 낙선한 뒤에도 마찬가지였다.

농식품부 장관으로 재임하던 2008년, 이명박 대통령의 특단으로 새만금을 농업 중심에서 산업용지 중심으로 바꾸었다. 즉 3:7을 7:3으로, 3천만 평의 농지를 산업용지로 변경, 동북아 경제중심지로 개발하기 위한 기반을 구축했다. 또 국무총리 직속의 새만금위원회에 위원으로 참여, 22조 원을 투자하는 새만금 종합실천계획을 확정했다.

선거가 끝난 뒤에는 새누리당 내에 지역화합특위 구성을 요구, 남경필 의원과 함께 공동위원장을 맡아 새만금개발청 설립을 골자로 하는 새만금개발특별법 제정을 주도했다. '새만금 전도사'라는 별명이 붙을 정도로 새만금과 나는 떼려야 뗄 수 없는 관계에 있다.

•••

새만금 개발은 단군 이래 최대의 개발사업이다. 군산시 비응도동에서 고군산군도의 신시도를 거쳐 부안군 변산면에 이르는 총 길이 33.9km의 방조제를 건설하고, 그 안에 서울 면적 3분의 2에 해당하는 409km²의 간척지를 개발해 동북아의 새로운 경제 중심지로 만드는 사업이다. 전북을 넘어 대한민국의 새로운 성장동력을 만들어 줄 초대형 프로젝트다.

하지만 개발의 속도나 진척이 더디기만 하다. 1991년 첫 삽을 뜬 이래 방조제 준공까지 10년이 걸렸고, 30여 년이 지난 지금도 내부 매립작업이 진행되고 있다.

국내외 글로벌 기업들을 대상으로 한 투자유치 활동도 마찬가지다. 전북도와 새만금개발청이 발 벗고 나서 열심히 뛰고 있지만 뚜렷한 성과를 내지 못하고 있다. 새만금의 투자 여건이 두바이나 싱가포르 등 해외의 경제특구에 비해 열악하기 때문이다.

세계의 중심으로 부상한 두바이 경제특구에는 규제 장벽 자체가 없다고 해도 과언이 아니다. 해외기업뿐 아니라 자국 기업에 대해서도 법인세율과 소득세율이 0%다. 관세도 없다. 건축비와 초기 운영비도 현금으로 지원해 준다. 자율적인 외국인 노동자 채용도 가능하다. 예민한 서비스 부문 규제도 대부분 철폐했다.

싱가포르 또한 법인세율을 2007년 20%에서 2010년 17%로 낮췄다. 소득세율은 0~20%다. 최장 15년까지 조세를 면제받을 수 있다. 2013년 조성된 중국 상하이 자유무역 시범구도 국내외 기업을 가리지 않고 법인세와 소득세를 100% 면제해 주고 있다.

새만금이 이들과의 경쟁을 딛고 글로벌 기업들을 유치하기 위해서는 속도감 있는 내부 개발과 더불어 투자 환경을 개선해야 한다. 이들과 비슷한 수준의 기업환경을 조성해야 한다. 과감한 규제개혁과 인센티브를 마련해야 한다.

...

그러한 판단에서 나는 규제 완화를 골자로 하는 새만금특별법(새만금 사업 추진 및 지원에 관한 특별법) 개정안을 발의했다.

특별건축구역 지정 권한을 국토부 장관에서 새만금개발청장으로 이관해 자율적 도시개발이 가능해지도록 하고, 건폐율과 용적률을 법정한도의 1.5배까지 완화할 수 있도록 해 투자자들에게 더 많은 혜택이 돌아가도록 했다.

또 국내기업도 국·공유 임대 용지에 최대 100년간 장기 입주할 수 있도록 해 국내기업의 투자 활성화도 도모했다. 아울러 새만금 내 산업단지의 개발과 투자유치 활동을 새만금개발청장이 총괄할 수 있도록 하는 내용도 담았다.

나는 국회 토론회 등을 통해 이와 같은 개정안의 내용을 동료 의원과 관계 공무원들에게 설명하고 적극적 협조를 요청했다. 이러한 노력에 힘입어 개정안은 그해 11월 17일 국회 본회의를 통과, 새만금 개발의 새로운 전기를 마련했다.

이후에도 나는 새만금 전도사로서 새만금 개발에 총력을 기울였다. 4년 동안 예결위원으로 활동하면서 새만금 예산을 6,000억 대에서 1조 4,000억 대로 늘렸고, 새만금-전주 간 고속도로 예산도 2,500억에서 4,000억으로 증액시켰다. 그런가 하면 예타 면제를 통해 새만금 공항을 조기 착공토록 하고, 새만금 항의 선석 대형화를 포함하는 정부의 '제2차 새만금 신항만 건설 기본계획' 추진에도 기여했다.

앞으로도 내가 가진 모든 역량을 다 쏟아부어 새만금이 중국의 푸둥지구나 싱가포르의 마리나베이샌즈 같은 동북아의 경제특구로 개발될 수 있도록 지원하고 뒷받침할 것이다.

여당도 야당도 아닌 '전북당'

 지역구 의원은 지역주민들의 대변인이다. 지역주민들의 뜻을 정책에 반영하고 지역발전을 위해 필요한 사업을 뒷받침하는 것이 주요 업무다. 그것을 구체적인 성과로 보여주는 것이 국가예산 확보다. 아무리 좋은 지역발전 사업이라도 예산이 뒷받침되지 않으면 그림의 떡일 뿐이다.
 국회에 입성하면서 나는 산자위와 더불어 예산결산특별위원회 위원으로 참여했다. 호랑이를 잡으려면 호랑이굴로 들어가야 하듯 예산 확보를 위해서는 예결위에 참여해야 한다는 판단에서 지도부를 설득한 결과였다.
 하지만 예결위에 들어갔다고 그냥 예산을 가져오는 것이 아니다. 지역에서 추진하는 사업에 대한 폭넓은 이해를 바탕으로 사업 추진의 필요성과 당위성 등을 파악해 소관 부처와 기재부를 설득해야 하고, 여야 예결위원들의 동의도 이끌어내야 한다. 그러기 위해서는 철저한 검토와 사전 준비가 필요하다.

국회에 입성한 지 한 달도 되지 않은 7월 말, 나는 도내 시장 군수들과 예산정책협의회를 개최했다. 국가예산을 차질없이 확보하기 위해서는 먼저 시군에서 추진하는 각종 사업의 내용을 공유하고 방향과 전략을 모색해 공동 대응해야 한다는 판단에서였다.

・・・

협의회를 준비하면서 나는 일말의 불안감을 감추지 못했다. 새누리당에서 처음으로 개최하는 시장・군수들과의 협의회였다. 고질적인 지역장벽을 깨고 내가 당선되었지만, 새누리당에는 여전히 불모지였다. 14개 시군의 단체장 중 13명이 민주당이고 나머지 1명이 무소속이었다. 나와 같은 새누리당 소속은 한 명도 없었.

그런 상황에서 시장・군수들이 다 참석해 주실지, 마지못해 참석은 한다 해도 마음을 터놓고 소통할 수 있을지, 서로 협력하고 공조할 수 있을지, 시간이 가까워질수록 마음이 더 불안해졌다.

협의회가 열리는 날, 나는 미리 회의장 앞에 나가 시장・군수들을 맞았다. 한 분 한 분 마음을 다해 인사하고 악수를 나눴다. 그리고 인사말을 통해 솔직한 심정을 밝혔다.

"이번에 집권여당 새누리당 후보로 전북에서 20년 만에, 전주에서는 32년 만에 당선되었습니다. 집권여당의 유일한 현역의원입니다. 막중한 책임감을 가지고 전북과 중앙정부를 잇는 가교 역할을 충실히 수행하겠습니다.

물론 우리 시장 군수님들은 저와 당이 다릅니다. 하지만 전북 발전에 당이 우선일 수 없습니다. 여당 야당을 구분할 필요가 없고, 진보 보수도 아무런 의미가 없습니다. 있다면 오직 전북당이 있을 뿐입니다.

그러니 오늘 이 자리에서 각 시군의 현안들을 있는 그대로 허심탄회하게 말씀해 주십시오. 가지고 올라가 장관을 만나고 총리를 만나겠습니다. 여당 지도부에도 강력히 요청하겠습니다."

내 진정성이 제대로 전달된 것일까? 시장 군수들은 가져온 자료를 내밀며 열심히 설명했다. 나는 수첩에 꼼꼼히 메모해 가며 듣고 궁금한 것은 또 물었다. 격의 없는 대화와 논의가 예정 시간을 훨씬 넘도록 이어졌다.

협의회를 준비하면서 느꼈던 불안은 기우에 불과했다. 여당도 없고 야당도 없었다. 진보도 보수도 존재하지 않았다. 전북의 미래를 걱정하고 전북 발전에 매진하는 전북 일꾼들이 있었을 뿐이었다.

•••

협의회에서 논의된 내용들을 나는 꼼꼼히 정리했다. 받은 자료와 수첩에 메모한 내용을 토대로 시군별 현안을 면밀히 파악했다. 부족한 것은 연락을 취해 다시 협조를 받았다.

그것을 토대로 예산 확보 전략을 짜고 시군과 공조, 기회가 되는 대로 기획재정부를 비롯한 정부 부처에 설명하고 지원을 요청했다. 상임위와 예결위의 정책질의, 국정감사 등을 통해 끊임없이 문제를 제기하고 협조를 당부했다.

최순실 국정농단이라는 초유의 국가 위기 속에서도 2017년 전북 예산을 제대로 챙기고 전년에 비해 2,000억 원이나 증액할 수 있었던 것은 여야를 가리지 않고 하나가 되어 협력하고 공조한 덕분이었다.

그렇게 시작된 시군과의 협력과 공조시스템은 그 후 매년 계속되어 임기 4년 내내 굳건히 이어졌다. 그 결과 정체상태에 머물러 있던 전북의 국가예산이 2017년 2,000억, 2018년 3,000억, 2019년 5,000억, 2020년 6,000억으로 증가했다. 2010년 도지사 선거에 출마할 때부터 내가 그렇게 강조했던 쌍발통, 여야가 공존하는 전북을 만든 결과였다.

국정감사의 패러다임을 바꾸다

다 보지도 못하는 엄청난 분량의 자료 요구, 언성을 높이며 호통을 치는 의원들과 쩔쩔매는 피감기관 관계자들, 여야 의원들의 대립과 이를 클로즈업해 자극적으로 보도하는 언론들….

'국정감사' 하면 떠오르는 모습들이다. 감사란 것이 원래 잘못을 파헤치고 지적하는 것이니 그러려니 생각할 수도 있다.

그러나 나는 생각이 다르다. 잘못을 파헤치고 지적을 하는 것도 중요하지만 그보다 더 중요한 것이 대안을 제시하는 것이다. 대안이 없는 비판은 비판을 위한 비판일 뿐이다. 속은 시원할지 모르지만 문제를 개선하고 발전시키는 데에는 별 도움이 되지 않는다. 그러니 비판보다 대안을 제시하는 데 주안점을 두어야 한다. 그래야 피감기관은 물론 국민의 신뢰를 확보할 수 있고, 국가 발전에도 기여할 수 있다.

20대 국회 첫 국정감사를 준비하면서 나는 그렇게 원칙을 세웠다. 그러다 보니 더 많이 알아보고 더 많이 준비해야 했다. 보좌진들과 함께 밤을 새워가며 자료를 검토 분석했고, 수시로 관계 전문가들을 만나 자문을 구했다. 그러한 노력의 결과 피감기관은 물론 언론으로부터도 '국정감사의 새로운 방향을 제시했다'는 호평을 이끌어냈다.

...

첫 국정감사에서 내가 비중을 두고 준비한 것은 크게 세 가지였다. 나는 이 세 가지 사안에 대해 현황을 면밀히 파악하고 문제점을 깊이 있게 지적한 다음 이를 개선하기 위한 정책 방향과 구체적 실행 방안을 정리해 3권의 정책자료집을 발간했다.

하나는 '대한민국 미래 먹거리 탄소 산업'이다. 탄소법이 통과된 현시점에서 국내외 산업 동향을 살펴보고 앞으로의 육성방안에 관한 내용을 정리했다.

구체적으로는 앞에서도 언급한 탄소섬유 국가산업단지 조성의 필요성, 산자부 내 분산되어 있는 탄소 관련 업무의 통합, 그리고 탄소산업 육성 컨트롤타워 역할을 할 한국탄소산업진흥원 설립 등을 대안으로 제시했다.

또 하나는 '새만금개발의 도전과 과제'라는 제목으로 단군 이래 최대의 국책사업인 새만금 개발을 성공적으로 추진하기 위한 중장기 로드맵을 제시했다.

특히 논란이 되고 있는 새만금 공항과 항만 건설에 대한 대안을 제시했다.

많은 분들이 우려하듯 새만금 공항을 건설한다 해도 공항 그 자체로는 경제성이 떨어진다. 새만금과 가까운 무안 공항만 해도 이용률이 20~30%에 불과하다. 공항만으로는 수익성을 기대하기 어렵다.

하지만 새만금에는 대규모 산업부지가 조성된다. 공항뿐 아니라 공항과 연계된 항공산업을 육성하면 된다. 국내에 부족한 항공정비센터를 조성해 관련 산업을 육성하고 민수용 항공기 제작공장을 유치해야 한다.

현재 경남 사천에 군수용 항공기 제작공장이 있다. 이곳에서 민수용 항공기 제작까지 유치하려고 하는데 땅이 좁아 할 수가 없다. 그러니 새만금의 광대한 부지를 활용하면 여러모로 유리하다. 조성 비용이 저렴하고 비행기 훈련장 등 관련 시설도 다양하게 설치할 수 있다.

이렇듯 새만금 공항을 단순한 여객용 공항이 아니라 항공 정비, 비행기 제작, 비행기 훈련 등 항공산업을 위한 공항으로 개발해야 한다. 그렇게 해야 독립된 수요 창출이 가능하고 공항 건설에 따른 타 공항과의 마찰도 해소할 수 있다.

항만 또한 마찬가지다. 단순히 배가 정박하는 항만이 아니라 싱가포르의 마리나베이샌즈처럼 호텔·쇼핑·컨벤션·게임·테마파크 등을 두루 갖춘 복합리조트 형태로 개발해야 한다. 그렇게 해야 크루즈호 같은 대형 유람선이 찾아오고, 새만금 항만의 운영도 본궤도에 오를 수 있다.

　마지막 세 번째 자료집은 '농민주도형 태양광 농가발전소'라는 제목으로 앞에서 언급한 태양광 농가발전소 육성방안을 담았다.

…

　국정감사는 국가정책에 대한 검토와 분석을 토대로 문제점을 지적하고 대안을 제시해 정책 추진의 효율성을 높이고자 실시된다. 호통을 치고 고성만 지르는, 비판을 위한 비판은 큰 의미가 없다. 차분하고 면밀하게 문제점을 분석하고, 그것을 바탕으로 대안을 제시해 국회와 정부가 함께 정책을 만들어 가는 것. 그것이 국정감사의 본질이요, 내가 지향하는 방향이다.

　나는 그러한 생각과 원칙을 지키며 첫 국정감사에 임했고, 이후의 국정감사 또한 마찬가지였다. 그 결과 피감기관은 물론 언론으로부터도 '국정감사의 새로운 방향을 제시했다'는 평가를 받았다. 아울러 소속 정당은 물론 언론과 시민단체 등에서 시상하는 국정감사 우수의원에 해마다 수차례씩 선정되는 등 좋은 평가를 받았다.

'일자리 세계화' 논란의 진실

"니가 가라, 아~오지로!"
"니 아들부터 보내라!"
"생각 좀 하고 내뱉어요. 뚫린 입이라고 막 던지지 말고."
"…"

국정감사가 진행되던 10월 13일, 나는 누리꾼들로부터 뭇매를 맞았다. 네이버 실시간 검색어 순위에도 오를 정도로 일약 화제의 인물(?)이 되기도 했다. 코트라를 대상으로 한 국정감사에서의 '일자리 세계화' 발언 때문이었다.

코트라에 대한 국정감사를 앞두고 자료를 검토하는 과정에서 나는 세계에 나가 있는 우리 국민과 기관 단체가 엄청나게 많다는 사실을 확인했다. 국내 인구의 15%에 해당하는 750만 명이 신생 독립 국가를 포함한 전 세계에 나가 있고, 코트라가 전 세계 120여 개국에서 무역 관련 일을 하고 있다. 코이카, 관광공사, 문화원 등도 세계 곳곳에 지사를 두고 활동하고 있다.

이렇게 어마어마한 해외 네트워크가 있는데 이를 효과적으로 활용할 방안이 없을까? 고민하고 고민한 끝에 찾아낸 것이 일자리 세계화였다.

...

지금 우리가 안고 있는 가장 큰 난제 중의 하나가 청년실업이다. 대학을 나와도 취업할 곳이 없어 놀고 있는 청년들이 대략 10%, 50만 명이다. 통계에 잡히지 않는 수치까지 더하면 100만 명이 넘는다는 보도도 있다.

더 큰 문제는 개선될 기미가 보이지 않는다는 것이다. 기술이 발전하고 첨단화되면서 AI(인공지능) 등이 인력을 대체해 취업의 문은 갈수록 좁아지고 있다.

하지만 해외로 눈을 돌리면 이야기가 달라진다. 해외에는 이제 막 경제개발을 시작한 개발도상국도 있고, 후진국도 있다. 이들 국가에는 우리의 선진기술과 우수한 인력이 필요하다. 우리가 개발도상국일 때 얼마나 많은 기회가 있었는지 생각해 보면 미루어 짐작할 수 있다.

더구나 이들 국가에도 우리의 코트라 관광공사 무역상사 등 다양한 네트워크가 있다. 이를 활용해 정부 차원에서 일자리 세계화 사업을 추진하면 청년취업 문제도 해결하고 우리의 국격과 국익을 높이는 일석이조의 효과를 거둘 수 있다.

그리고 후진국이나 오지로 가면 화폐의 가치가 떨어진다. 우리 돈 1,000만 원이면 캄보디아 같은 나라에서는 1억 원 이상의 가치가 있다. 국내보다 비용 부담도 덜할 것이다.

그러한 생각에서 나는 코트라를 대상으로 한 국정감사 현장에서 코트라가 해외 네트워크를 활용해 일자리 세계화에 적극적으로 나서 줄 것을 제안했다.

그런데 이러한 나의 발언이 언론을 통하면서 오도되었다. 앞뒤 맥락 없이 '아프리카 나이지리아나 콩고, 동남아 캄보디아 등 세계 오지에 청년 10만 명쯤 보내면 좋겠다'라는 자극적인 내용만 부각되면서 누리꾼들의 분노를 사고 뭇매를 맞은 것이었다.

・・・

시간이 지나면서 본뜻이 알려지고 오해가 풀렸지만 나는 지금도 그때의 일을 잊지 못하고 있다. 공직자로서 말을 할 때마다 더욱 신중을 기하게 되었다. '아' 다르고 '어' 다르다고, 같은 말이라도 외부로 알려질 때 오해의 소지는 없는지 다시 한번 생각하게 되었다.

또한, 일자리 세계화에 대한 생각에도 변함이 없다. 그 후에도 나는 예결위 정책질의 등을 통해 일자리 세계화 문제를 부단히 제기했고, 앞으로도 기회 있을 때마다 또 제기할 것이다.

우리가 가지고 있는 광범위한 해외 네트워크를 활용하여 일자리 세계화를 추진하면 청년실업 문제 해결과 국익 증진이라는 두 마리 토끼를 잡을 수 있다는 생각에 변함이 없기 때문이다.

국정농단의 격랑 속에서

"존경하는 국민 여러분. 이번 최순실 씨 관련 사건으로 이루 말할 수 없는 큰 실망과 염려를 끼쳐 드린 점 다시 한번 진심으로 사과드립니다. 무엇보다 저를 믿고 국정을 맡겨주신 국민 여러분들께 돌이키기 힘든 마음의 상처를 드려서 너무나 가슴이 아픕니다."

2016년 11월 4일, TV로 생중계되는 박근혜 대통령의 2차 대국민 담화를 지켜보는 내내 나는 몽둥이로 뒤통수를 얻어맞은 것처럼 정신이 몽롱했다.
도무지 믿기지가 않았다. 아니 믿을 수가 없었다. 대통령 뒤에서 최순실이라는 여자가 국정을 마음대로 주물렀다니…. 최순실 사태가 처음 알려졌을 때도, 열흘 전 박 대통령의 1차 담화 때도 나는 믿지 않았다. 뭔가 잘못 알려진 거라 생각했다. 하지만 이날 대통령의 담화는 그것이 사실임을 인정하는 자백이나 마찬가지였다. 머릿속이 하얘지는 느낌이었다.

...

 사태를 수습하기 위한 조치였지만 대통령의 담화는 오히려 국민들의 분노에 기름을 부은 결과가 되었다. 이게 나라냐며 수만 수십만의 국민이 촛불을 들고 광화문으로 모였고, 그 수는 갈수록 늘었다. 부산·광주·대구·전주 등 지방으로도 들불처럼 번졌다.
 예상치 못한 국정농단 사태와 촛불집회에 정국도 격랑 속으로 빠져들었다. 특히 집권여당인 새누리당은 폭탄을 맞은 것처럼 어수선했다. 사태를 초래한 책임과 수습방안을 놓고 연일 갈팡질팡하였다. 소위 '친박 세력'이 주축인 지도부는 어떻게든 상황만 무마하려는 임기응변의 대응으로 일관했다. 국민들의 분노는 걷잡을 수 없이 커지고 민주당을 비롯한 야당에서는 대통령 하야까지 요구하고 있는데 너무나 안일하고 무책임한 대응이었다.

...

 국회에 등원한 후 나는 친박이니 비박이니 하는 계파모임에는 일절 참여하지 않았다. 오로지 나를 뽑아 준 전북도민과 전주시민들을 위하는 일에만 매진해 왔다.

하지만 국가적 위기 상황을 초래한 초유의 국정농단 사태와 위기에 빠진 당의 상황 앞에서 더 이상 그냥 있을 수는 없었다.

나는 먼저 국정을 책임지고 있는 집권여당의 의원으로서 이번 사태에 대해 전북도민들께 사죄의 뜻을 밝혔다. 실망하고 분노한 도민들의 마음을 풀 수만 있다면 석고대죄라도 하고 싶은 심정이었다. 아울러 지난 선거에서 어렵게 물꼬를 튼 지역주의 극복이 이번 사태로 인해 원점으로 돌아가서는 안 된다는 마음도 솔직히 전했다.

그런 다음 새누리당 초선의원들의 모임을 주도했다. 국가와 당의 위기를 극복하기 위해서는 위기를 초래한 환부를 도려내야 하며, 그러기 위해서는 새로운 정치세력인 초선의원들이 뜻과 힘을 모아 함께 나서야 한다고 설득했다.

나는 46명의 초선의원들이 모인 자리에서 대표 간사로 선임되었다. 이명박 정부에서 장관을 역임한 경륜이 있고, 어느 계파에도 속하지 않아 초선의원들의 총의를 모을 수 있는 적임자로 평가되었다는 후문이었다.

나는 매일같이 회의를 주선해 당의 내분 상태를 해결하기 위해 논의했지만 별다른 성과가 나오지 않았다. 결국 의원 한 분 한 분을 직접 찾아가 설득에 설득을 거듭한 끝에 초선의원들의 결의문을 채택해 발표했다. ▲계파청산 ▲당 지도부의 조건 없는 사퇴 ▲비대위 구성을 위한 준비위 구성 등의 내용이었다.

하지만 당 지도부는 별 반응을 보이지 않았다. 당 소속의원의 3분의 1이 넘는 46명의 초선의원들이 어렵게 뜻을 모아 채택한 결의문이었다. 지도부에 대한 불신과 회의가 깊어질 수밖에 없었다.

지도부에 반기(反旗)를 들다

"어떻게 이럴 수가?… 시정잡배도 아니고, 국정을 책임지고 있는 집권여당에서 어떻게 이런 일이?…"

기가 막혀서 말이 나오지 않았다. 생각할수록 분통이 터졌다. 산전수전 다 겪어 웬만한 일에는 미동조차 하지 않는 나지만 화가 머리끝까지 치밀어올랐다. 아무리 생각해도 이건 아니었다. 이럴 수는 없었다.

국회에 입성하면서 예결위에 보임된 나는 지난 8월 추경예산 심의 시 예산조정소위 위원으로 참여했고, 내년도(2017년) 정부 예산 조정소위에도 위원으로 이름을 올렸다. 추경예산 소위 위원이 본예산 소위 위원으로 참여하는 그동안의 관례에 비춰 봐도 당연한 일이었다.

그런데 조정소위 첫 회의를 불과 몇 시간 앞두고 갑자기 내 이름이 빠졌다. 이름이 올랐던 새누리당 소위 위원 7명 중 내 이름만 빠지고 그 자리에 친박계 의원 이름이 올라온 것이었다. 내게는 아무런 통보조차 없었다.

조정소위에 어느 의원을 배정하느냐 하는 것은 물론 지도부의 권한이다. 하지만 첫 회의를 몇 시간 앞두고 갑자기 교체하는 것은 누가 보더라도 정상이 아니다. 초선의원 모임을 주도하고 지도부 사퇴를 요구하는 등 최근의 내 활동에 대한 지도부의 보복성 조치로밖에 판단이 되지 않았다.

...

나는 자리에서 일어섰다. 이대로 당하고 있을 수는 없었다. 곧바로 당 대표와 수석부대표실을 찾았다. 교체에 대해 납득할 수 있는 이유를 밝혀 달라고 촉구했다. 하지만 제대로 된 답변을 들을 수 없었다.

이제 어떻게 해야 하나? 사무실로 돌아온 나는 또다시 고민에 빠졌다. 그냥 이대로 물러설 수는 없었다. 내가 예결위에 참여한 것은 내 뜻만이 아니다. 나를 뽑아 준 전북도민들의 뜻이기도 하다. 꽉 막힌 중앙에 예산 통로를 열어 30년간 홀대받은 전북예산을 제대로 챙기라는 것이었다. 나 또한 도민들의 뜻을 깊이 새기고 등원 초기부터 예결위에 참여해 활동했다. 그런데 정작 가장 중요한 본예산 심의를 앞두고 조정소위에서 배제되었는데 어떻게 그냥 받아들일 수 있단 말인가…

고민 끝에 나는 팻말을 준비했다. 〈30년 전북예산 홀대, 도대체 언제까지?〉라는 큰 글씨 아래 〈예산안 조정소위 위원 넣었다가 갑자기 빼버린 이유는?〉이라는 글귀를 적었다.

나는 그것을 치켜들고 국회 본청으로 갔다. 새누리당 수석부대표실 앞에 자리를 잡고 앉아 팻말을 치켜들고 1인 시위를 시작했다. 조정소위 위원 배제에 대해 단식농성을 시작한 것이었다.

현역의원이 소속당 지도부를 향해 피켓을 치켜들고 1인 시위를 벌이는 초유의 상황이 연출되자 당 지도부로서는 곤혹스러울 수밖에 없었다. 얼마 후 그러한 사실이 언론을 통해 보도되자 원내대표를 비롯한 지도부 인사들이 찾아와 나를 달래고 설득했다.

하지만 나는 물러서지 않았다. 소식을 들은 전북도민들이 대표단을 구성해 올라와 나를 격려하고 당 지도부를 찾아가 항의했다. 그에 힘입어 나는 더 강경하게 시위를 계속했다.

시위를 며칠 동안 계속하면서 끝낼 기미를 보이지 않자 더는 안 되겠다 싶었는지 원내대표가 다시 찾아와 타협안을 제시했다. 예산소위 위원을 다시 바꿀 수는 없으니 호남 예산 특별위원으로 임명해 소위 위원과 같은 권한을 주겠다는 것이었다.

그제서야 나는 못 이기는 척 시위를 풀었다. 그리고는 특별위원으로 예산심의에 참여해 전북예산을 확보하는 데 매진했다. 매년 정체현상을 보이던 전북의 국가예산이 2017년을 기점으로 큰 폭의 상승세로 돌아선 것은 그와 같은 투쟁(?)의 결과였다.

전북예산 제대로 챙겨라

"제가 민주당 텃밭인 전주에서 집권여당인 새누리당 후보로 32년 만에 당선되었습니다. 지금까지 홀대받은 전북의 한계를 극복하라는 도민들의 준엄한 명령을 받고 이 자리에 섰습니다."

2016년 8월 예결위 첫 회의가 열리던 날, 나는 인사를 겸해 그렇게 각오를 밝혔다. 지역장벽으로 꽉 막혀 있는 중앙의 예산 통로를 뚫어 홀대받은 전북의 몫을 제대로 챙기는 것, 그것이 내가 총선에 출마한 직접적 이유요, 앞으로 수행해야 할 사명이었다.

1당 독점의 외발통. 민주당 깃발만 꽂으면 당선이 되고, 오로지 민주당 의원밖에 없던 지난 수십 년간 전북은 중앙에서 홀대받고 소외되었다. 민주당 공천이 곧 당선이니 의원들은 도민이 아니라 당 지도부에 충성하기 바빴고, 여당의원이 한 명도 없으니 중앙정부와 소통하기도 어려웠다.

이 같은 전북의 한계는 국가예산 확보에서 명확히 드러났다. 그해 예산만 해도 그렇다. 2016년 전북의 국가예산은 전년 대비 0.7% 증가에 그쳤다. 반면 전국 평균 증가율은 6.5%에 이른다. 다른 지자체 예산이 100원 증가할 때 전북은 겨우 10원 증가에 그친 것이다. 그해뿐만이 아니다. 이전 5년 동안의 예산 추이를 비교해 봐도 마찬가지다.

예산만 그런 것도 아니다. 지역간 불균형 해소, 자립형 지방화, 국가균형발전을 도모하기 위해 마련된 지역균형발전특별회계 보조금의 경우에도 전북은 8개 광역도 중 5위에 불과하다. 기금의 기본 취지에도 어긋난다. 이처럼 불합리한 것을 개선해 전북의 몫을 제대로 챙기고자 나는 국회에 등원한 그날부터 심혈을 기울였다.

...

국가예산은 사업별로 필요성과 타당성, 우선순위 등을 면밀히 검토해 배정한다. 그러니 예산을 확보하기 위해서는 해당 사업의 중요성과 시급성을 예산 담당자들에게 설명해 설득시켜야 한다. 사업에 대한 철저한 이해와 치밀한 논리가 필요하다.

이를 위해 나는 국회가 개원한 7월부터 준비를 시작했다. 먼저 도내 14개 시군의 시장·군수들과 예산정책협의회를 개최해 시군별로 주요 사업에 대한 내용을 파악하고 전략을 공유했다.

국회의 예산 심사를 앞두고는 '전북 국회의원과 전북도 예산정책 협의회'를 주최했다. 국민의당 정동영 의원, 더불어민주당 이춘석 의원 등 도내 국회의원 전원(10명)과 송하진 지사를 비롯한 전북도 담당자들이 모두 참석, 국가예산사업 등에 대해 심도 있게 논의했다. 아울러 새만금 사업, 도로·철도 등 SOC사업, 동학농민혁명기념공원을 포함한 문화사업 등 역점을 두고 추진할 핵심사업을 선정했다.

...

　이를 바탕으로 나는 예산의 실무작업을 담당하는 기재부 과장 20여 명과 직접 소통, 도내 사업을 충분히 설명하고 예산 반영을 요청했다. 특히 새만금과 관련해서는 폭넓은 이해와 빈틈없는 논리를 앞세워 담당자들을 압박, 예산이 반영되고 증액되도록 했다. 그런 나를 보고 담당자들은 도저히 감당할 수 없는 '새만금 박사'라며 혀를 내두르기도 했다.

　국회 단계에서는 김영란법에서 금한 쪽지예산 대신 적법 절차에 집중했다. 예결위 전에 소관 상임위에서 증액될 수 있도록 여기저기 발이 닿도록 뛰어다녔다. 예결위에서는 1인 시위 끝에 얻은 호남책임위원의 자격으로 새누리당 간사인 주광덕 의원과 긴밀히 협조해 최대한 반영되고 증액되도록 뒷받침했다.

　그 결과 국정농단으로 인한 어수선한 정국 속에서도 31건의 신규사업을 포함, 총 91건의 사업 예산을 증액시켰다. 금액으로는 2,110

억 원이었다. 전북의 신규사업이 예산심사 과정에서 31건이나 증액된 사례는 지금까지 한 번도 없었다며 지역 언론에서는 나의 역할을 높이 평가했다. 나를 믿고 뽑아 준 전주시민과 전북도민들께 조금이라도 보답을 한 것 같아 마음이 뿌듯했다.

대통령 탄핵에 동참하다

"박근혜를 탄핵하라! 박근혜를 탄핵하라!"

12월 3일 전주 풍남문 광장. 2만여 명의 시민들이 촛불을 들고 모여 한목소리로 박근혜 탄핵을 외쳤다. 나이 지긋한 어르신도 계시고 아이 손을 잡은 주부도 있었다. 넥타이를 맨 직장인도 있었고 까까머리 학생들도 있었다. 각계각층의 사람들이 촛불을 치켜들고 함께 외치는 소리가 광장을 들썩이게 했다. 전주에서 이렇게 많은 시민들이 시위에 참가한 적이 있었는지 기억이 나지 않았다.

한쪽 길가에 서서 시위 모습을 지켜보던 나는 가까운 가게에서 켜놓은 TV 화면으로 눈을 돌렸다. 같은 시각 서울 광화문 광장의 모습이 방영되고 있었다. 그 넓은 광장을 발 디딜 틈도 없이 꽉 메운 인

파. 방송에서는 사상 유례가 없는 170만 명이 운집했고, 지방의 집회까지 합치면 230만 명이 넘는다고 목소리를 높였다. 그렇게 많은 국민들이 한목소리로 박근혜 탄핵을 외치는 것이었다.

...

　5일 전인 11월 29일, 국정농단에 대한 국민들의 분노에 직면한 박근혜 대통령은 임기 단축을 포함한 퇴진 문제를 국회에 넘겼다. 새누리당에서는 논의를 거쳐 4월 퇴진 6월 대선과 거국중립내각을 통한 국정 공백 최소화를 당론으로 의결했다.
　하지만 국민들의 분노는 가라앉지 않았다. 즉각적 탄핵을 요구하며 더 활활 타올랐다. 서울은 물론 전국의 주요 도시로 시위가 들불처럼 번졌다. 그리고 이날 전국에서 230만 명이라는 엄청난 국민들이 탄핵의 촛불을 치켜든 것이었다.
　시위를 지켜보는 내내 나는 마음이 무거웠다. 내가 소속된 정당의 대통령이었다. 지난 대선 당시 전북 선대위원장으로 열심히 뛰어 당선에 힘을 보탠 대통령이었다. 그런 대통령이 국정농단이라는 사상 초유의 사태로 임기 단축도 모자라 탄핵 위기로 내몰린 것이었다. 비수에 찔린 것처럼 마음이 아팠다.
　하지만 나는 전주시민들의 지지를 받아 국회에 입성했다. 새누리당 의원이기에 앞서 전주시민들의 의원이다. 전주시민들의 대표권을 위임받은 것뿐이다. 그렇다면 시민들의 뜻에 따르는 것이 도리가 아니겠는가?

시민들은 저렇듯 한자리에 모여 박근혜 탄핵을 외치고 있는데 대표권을 위임받은 내가 같은 당 소속이라고 모른 척 가만히 있어서야 되겠는가? 나도 힘을 보태야 하는 것이 아닌가? 길가에 서서 지켜보는 내내 엉킨 실타래처럼 머릿속이 혼란스러웠다.

...

"즉각 탄핵이 도민 여러분의 뜻이라면 저는 여러분의 뜻을 따르겠습니다. 당의 제재를 받더라도 도민 여러분만 바라보고 가겠습니다."

이틀 뒤인 12월 5일, 나는 전북도의회에서 기자회견을 자청해 그렇게 발표했다.

당에서는 4월 퇴진과 6월 대선을 골자로 하는 '질서 있는 퇴진'을 당론으로 정한 상태였다. 내가 탄핵에 찬성한다고 공개적으로 밝히는 것은 당론에 어긋나고 자칫하면 징계를 받을 수도 있었다.

하지만 나는 기자회견을 자청해 탄핵 찬성 입장을 밝혔다. 풍남문 광장에서 탄핵을 외치던 전주시민, 전국에서 촛불을 치켜들던 국민들의 뜻을 외면할 수 없었기 때문이다.

기자회견 후 서울로 올라온 나는 탄핵안을 가결시키기 위해 힘을 쏟았다. 초선의원 모임 간사로서 의원 한 분 한 분을 만나 국민들의 뜻에 따르자고 설득했다. 선거운동 당시 여당 속의 야당이 되겠다고 한 도민들과의 약속처럼 맨 앞에 서서 탄핵안 가결을 주도했다.

...

"총투표수 299표, 찬성 234표, 반대 56표, 기권 2표, 무효 7표로 박근혜 대통령 탄핵안은 가결되었음을 선포합니다."

12월 9일 오후, 정세균 국회의장은 탄핵안 표결 결과를 발표했다. 무겁고 참담한 심정이며 다시는 이런 일이 되풀이되지 않기를 바란다고 덧붙였다.

나 또한 마찬가지였다. 탄핵에 찬성하고 탄핵안 가결을 주도했지만, 마음은 정말 무겁고 참담했다. 국민이 선택한 대통령이 국민을 대표하는 국회에 의해 탄핵되는 이 불행한 사태가 두 번 다시 되풀이되지 않기를 마음속으로 빌고 또 빌었다.

윤리위원회 파동

국회에 등원하고 며칠 지나지 않아서였다. 박명재 당 사무총장으로부터 전화 연락을 받았다. 중앙당 윤리위원회 부위원장으로 선임되었다는 전갈이었다.

윤리위 부위원장? 사실 좀 어리둥절했다. 나는 도민들과 약속한 일을 하기 위해 예결위에만 신경을 쓰고 있었다. 윤리위는 생각지도 못했다. 그렇다고 당에서 신경 써 선임해 준 것을 거절할 수 없었다.

전화를 끊고 한참 동안 선임 이유를 생각해 보았다. 당시 민주당 의원의 친인척 보좌진 채용을 계기로 국회의원의 윤리와 도덕성 문제가 정치권의 쟁점으로 부각된 상황이었다. 그러다 보니 윤리위원들의 면면이 주목을 받을 수밖에 없었다.

비대위에서 의결한 윤리위 구성안을 봐도 7인의 윤리위원 중 6인이 외부 인사였다. 현역으로는 내가 유일했다. 험지 중의 험지인 전북에서 당선된 유일한 의원이라는 점, 두 번의 낙선에도 불구하고 7년 동안 지역구 활동을 하면서 정치권을 바라보는 국민들의 시선을 잘 알고 있을 것이란 점이 고려되었을 것으로 생각했다. 아무튼, 나는 그렇게 윤리위 부위원장직을 맡았다.

윤리위원회의 역할은 문제가 터지고 난 뒤에 시작된다. 소속 의원이나 당내인사가 잘못을 저질러 징계 요구안이 접수되면 회의를 열어 대상자의 소명을 듣고 징계 여부와 징계 수준을 결정한다.

그렇기 때문에 윤리위원으로 선임이 된 뒤에도 한동안 특별한 일이 없었다. 그러다 11월에 이르러 처음으로 회의를 열어 징계 논의를 했는데 그 대상자가 현직 대통령이었다. 11월 21일 당 비상시국회의 소속 비주류 의원 29명과 원외 당협위원장 7명이 해당 행위를 이유로 박근혜 대통령에 대한 징계 요구안을 제출한 것이었다.

...

11월 28일 열린 첫 번째 회의에서 위원회는 당원인 박근혜 대통령에 대해 징계 절차에 착수하기로 의결했다. 박 대통령이 최순실의 국정농단을 방조하는 등 민심을 이탈케 하는 행위로 당 발전에 지장을 초래했다고 인정한 것이다. 앞으로 열흘의 기간을 정해 박 대통령의 소명을 요구하고, 불응할 경우 진술 의사가 없는 것으로 판단해 징계 절차를 진행키로 의결했다.

그로부터 일주일 후인 12월 9일 박근혜 대통령에 대한 탄핵소추안이 국회에서 가결되었고, 사흘이 지난 12일 윤리위는 두 번째 회의를 개최, 8일간의 숙고 기간을 거친 뒤 12월 20일 징계 수준을 의결하기로 의견을 모았다.

그런데 바로 그날, 도저히 이해할 수 없는 일이 벌어졌다. 당 지도부가 최고위원회의에서 윤리위원 8명을 추가로 임명한 것이었다. 8명 모두 친박계 의원과 외부 인사였다. 20일로 예정된 박 대통령에 대한 징계를 막기 위한 꼼수였다. 이진곤 위원장에게도, 현역의원으로 부위원장을 맡고 있는 내게도 아무런 통보조차 없었다.

아무리 생각해도 납득이 되지 않았다. 시정잡배도 아니고, 국정을 책임지고 있는 집권여당에서 왜 이렇게 어처구니없는 일을 하는지, 내 상식으로는 이해가 되지 않았다.

다음날 나는 이진곤 위원장을 비롯한 윤리위원 전원과 함께 윤리위에서 사퇴했다. 그런 일을 당하며 있을 이유가 없었다. 그에 따라 당의 징계는 흐지부지되었지만 박근혜 대통령은 결국 헌법재판소의 판결로 대통령직에서 탄핵되었고, 검찰 수사로 구속 수감되는 비참한 결과로 이어졌다. 새누리당 역시 이어진 대선에서 참패했고, 2018년 지방선거에서는 몰락에 가까운 성적표를 받아드는 등 엄혹한 국민의 심판을 받아야 했다.

새로운 개혁보수의 길로

"지난 7년 동안 지역장벽을 깨겠다고 불모지에서 한 분 한 분 만나며 애환을 같이했는데 비통하고 안타깝습니다. 32년 만에 새누리당 국회의원으로 당선시켜 주신 도민들의 위대한 선택을 받들지 못하고, 20대 국회 6개월 만에 새누리당을 떠나게 되어 착잡하고 안타까운 심정 금할 수 없습니다…."

새누리당 탈당을 앞두고 도민들께 드릴 인사말을 쓰고 있는데 눈에 덩그러니 눈물이 고였다.

함께한 세월이 7년이었다. 민주당 독점의 전북에서 지역장벽을 깨겠다고 새누리당 옷을 입고 도내 곳곳을 누빈지 7년. 철옹성 같은 지역장벽을 허물고 32년 만에 당선된 것이 지난 4월이었다. 그런 새누리당을 등원 6개월 만에 내 발로 떠나야 하다니…. 물먹은 솜처럼 마음이 무거웠다.

...

최순실의 국정농단으로 촉발된 국민의 실망과 분노는 하루가 다르게 커져만 갔다. 처음에 2~3만 명으로 시작된 촛불시위는 이내 수십만을 넘어섰고, 급기야 전국에서 230만 명이 동시에 촛불을 치켜드는 사상 유례없는 사태로 번졌다.

그런데도 집권여당인 새누리당의 대응은 너무나 안일했다.

소위 친박계가 중심이 된 지도부는 그런 상황에서도 대통령을 감싸며 상황 모면에만 급급했다. 국정을 농단한 대통령 편에 서서 국민들의 요구를 외면했다.

이에 위기감을 느낀 개혁 성향의 의원들은 김무성 의원과 유승민 의원을 중심으로 모여 당의 개혁을 요구했고, 나 또한 초선의원 모임의 대표 간사를 맡아 당의 개혁방안을 제시하고 박근혜 탄핵에 힘을 모았다.

하지만 지도부는 어떤 요구도 수용하지 않았다. 돌아온 것은 오히려 예산조정소위 배제, 당 윤리위원회 무력화 등 납득할 수 없는 보복성 조치뿐이었다. 국회에서 박근혜 대통령에 대한 탄핵소추안이 의결된 뒤에도 마찬가지였다.

시대착오적인 친박계 중심의 새누리당으로는 더 이상 국민들의 뜻을 담아낼 수 없다고 판단한 개혁 성향 의원들은 결국 새누리당을 탈당해 새로운 개혁보수신당을 창당하기로 의견을 모았고, 나 또한 뜻을 같이했다. 도민들 또한 새누리당은 더 이상 안 된다며 탈당을 결심한 내게 힘을 실어 주셨다.

...

"… 아울러 호남의 새로운 보수정당 창당에 힘을 보태 전북 발전을 위한 새만금사업, 탄소 산업 등 대규모 국책사업의 힘 있는 추진과 예산 확보에 변함없이 최선을 다하겠습니다."

나는 작성한 인사말을 다시 한번 읽었다.
그렇다. 당이 중요한 것이 아니다. 도민들과의 약속을 지키는 것이 더 중요하다. 홀대받은 전북의 몫을 제대로 챙기겠다고 한 도민들과의 약속. 친박계의 새누리당에서는 더 이상 그 약속을 지킬 수 없어 떠나는 것이다. 그 약속을 지키기 위해 새로운 개혁보수신당 창당에 참여하는 것이다.
그렇게 생각하니 마음이 조금 편해졌다. 나는 언론보도를 통해 도민들께 먼저 탈당에 따른 인사를 전했다. 그리고 이후 뜻을 같이하는 29명의 개혁성향 의원들과 함께 기자회견을 갖고 새누리당 탈당과 새로운 보수신당 창당을 공식 발표했다.
국가적으로도 개인적으로도 참 많은 일이 있었던 격동의 2016년이 저무는 12월 말, 나는 그렇게 7년 동안 몸담았던 새누리당을 떠나 새로운 개혁보수신당의 가시밭길로 들어섰다.

2장

개혁보수의 아이콘

바른정당 창당

아침부터 마음이 불안했다. 어제 저녁 최종적으로 점검을 하면서 반응이 나쁘지 않다는 판단을 했지만 그래도 불안하기는 마찬가지였다. 어쩔 수 없는 상황이었다고 해도 도민들의 선택을 받은 새누리당을 탈당해 보수 신당인 바른정당 전북도당을 창당하는 것이었다. 얼마나 많은 도민들이 참석해 주실지, 마음이 쓰이지 않을 수 없었다.

하지만 기우였다. 행사 시작 한 시간 전부터 당원과 지지자들이 모여들면서 행사장은 이내 북새통을 이뤘다. 바른정당을 상징하는 하늘색과 흰색의 막대풍선을 두드리며 바른정당과 정운천을 연호하는 수많은 지지자들. 언론에서는 1,500명이 넘었다고 보도했다. 한겨울의 추운 날씨였지만 행사장 안은 열기로 땀이 흘렀다. 보수정당의 험지 중 험지라는 전북 전주에서 새로운 보수정당 창당대회에 이렇게 많은 사람들이 몰리기는 내 기억으로도 처음이었다. 중앙에서 내려온 당 지도부 의원들조차 예상을 뛰어넘는 열기에 어안이 벙벙한 모습이었다.

유승민 의원은 "전주에 이렇게 많이 모인 것을 보니 내일 대구시당 창당대회를 하는 나와 주호영 의원은 걱정"이라며 심경을 토로했다. 주호영 원내대표도 "한 사람이 이렇게 지역을 변화시킬 수 있다는 것에 깜짝 놀랐다"고 거들었다.

정병국 중앙당 창당준비위원장은 "이제 전북은 바른정당의 험지가 아니라는 것을 알았다"며 "바른정당의 출발과 바른정당의 모든 것이 전북 전주로부터 시작된다는 것을 느꼈다"고 털어놨다.

・・・

절차를 거쳐 전북도당위원장으로 선출된 나는 180만 도민의 염원을 담아 이렇게 외쳤다.

"조선왕조 500년의 중심인 전주·전북이 다시 광주·전남을 끌어안고 호남의 새로운 천년 역사를 써내려 갑니다!"

조선왕조 500년 동안 전북과 전주는 호남의 중심이었다. 호남제일문과 전라감영을 통해 알 수 있듯 광주와 전남은 물론 제주도까지 호령했다.

하지만 지금은 소외되고 홀대받는 지역으로 전락했다. 일당 독주 때문이다. 전북에는 늘 민주당만 있었다. 공천만 받으면 당선이 되니 정치인들의 시선은 늘 당 지도부로 향했다. 지역발전을 위한 절실한 마음은 없었다. 전북 발전을 이루어내겠다는 의지와 노력도 보이지 않았다. 그러는 사이 전북은 점점 더 침체되고 낙후되었다.

그래서 전북에도 보수당 의원이 필요했다. 지난해 총선에서 32년 만에 새누리당 정운천을 당선시켜 주신 것이 바로 그 때문이었다. 그래서 나는 국회 입성 후 전북 유일의 여당의원으로서 전북 발전을 위해 할 수 있는 모든 노력을 다했다.

하지만 나는 지난달 새누리당을 탈당했다. 친박 패권주의와 최순실 국정농단으로 새누리당에서는 더 이상 도민들의 뜻을 받들기도, 전북 발전을 이루기도 어렵다는 판단에서였다.

낡은 보수가 아닌 새로운 보수, 500년 조선왕조의 역사를 다시 일으켜 세울 수 있는 올바른 보수. 오로지 전북도민만 바라보고 나아갈 수 있는 제대로 된 보수가 필요했다. 그래서 나는 바른정당 창당에 동참했다. 그러한 소신을 바탕으로 개혁보수의 바른정당을 통해 전북이 다시 호남의 중심이 되도록 모든 노력을 다할 것이다.

그래서 나는 도민들과 함께 힘차게 외쳤다. 32년 만에 보수정당 정운천을 당선시켰듯 바른정당을 중심으로 찬란한 호남의 천년 역사를 다시금 써 내려가자고 뜻을 모아 외쳤다.

"된다. 된다. 꼭 된다!"

...

전북도당 창당대회 일주일 후인 1월 24일 서울 잠실 올림픽공원에서 바른정당 중앙당 창당대회가 열렸다. 3천여 명의 지지자들이 모인 가운데 새로운 개혁보수를 표방한 바른정당이 마침내 돛을 올린 것이었다.

나는 유일한 호남 현역의원으로 연단에 올랐다.

"정유년 새해는 닭띠해입니다. 장닭이 새벽을 깨우는 소리가 '꼬끼오'인데 이 '꼬끼오'를 제가 외쳐 바른정당의 창당을 큰 소리로 알리겠습니다. 여러분들도 큰 함성으로 함께해 주십시오."

나는 두 손으로 나팔을 만들어 있는 힘껏 '꼬끼오'를 외쳤다. 지지자들이 따라 외치는 소리에 체육관이 들썩거렸다. 그리고 다시 내 트레이드 마크인 된다송을 외쳤다.

"된다. 된다. 바른정당 잘된다!"

소리 높여 외치면서 나는 마음 속으로 빌고 또 빌었다. 낡은 보수를 걷어내고 새로운 개혁보수로 출범하는 우리 바른정당이 정말로 잘되기를….

명분과 실리 사이에서

"피청구인 대통령 박근혜를 파면한다."

2017년 3월 10일, 전 국민의 관심을 집중시킨 박근혜 대통령 탄핵심판에서 헌법재판소 재판관들은 전원합의로 그렇게 판결했다. 최순실 국정농단으로 촉발된 박근혜 정부에 대한 국민의 실망과 분노는 국회의 탄핵소추안 의결에 이어 헌정사상 최초의 대통령 파면으로 마무리되었다.

박 대통령의 탄핵은 동시에 새로운 대선정국의 시작이었다. 두 달 뒤인 5월 10일로 보궐선거 날짜가 확정되고 정국은 곧바로 대선 모드에 돌입했다.

새누리당을 탈당, 새로운 개혁보수를 기치로 내걸고 창당된 바른정당에는 새로운 기회이자 위기였다. 보수와 진보의 극심한 대립에 염증을 느낀 국민들에게 신선한 자극이 되어 지지를 이끌어내면 새로운 개혁보수로 뿌리를 내릴 수 있지만 그러지 못하고 거대 양당 사이에서 존재감을 잃으면 자칫 존립 기반마저 무너질 수 있다.

이러한 점을 인식해 당의 대선후보 경선에 나선 유승민 의원과 남경필 의원은 젊은 패기와 스티브 잡스식 토론 등으로 신선함을 보였고, 치열한 경선 끝에 유승민 후보가 승리해 당의 대통령 후보로 확정되었다.

나는 남경필 후보를 지지했지만 경선이 끝난 뒤에는 당의 대선후보가 된 유승민 후보를 도와 적극적으로 선거운동에 임했다.

전북지역 선대위원장을 맡아 정운천과 유승민이 함께 전북 발전을 이끌겠다며, 32년 만에 정운천을 당선시켜 주셨듯 유승민 후보를 적극 지지해 달라고 호소했다. 청년·여성, 실버, 직능, 지역, 언론·홍보 등 5개 분야 조직강화위원회를 가동해 조직적이고 전략적인 선거운동을 전개했다. 전북에서 유승민 후보의 지지율을 끌어올리기 위해 할 수 있는 모든 노력을 다 쏟아부었다.

...

하지만 개혁보수의 새로운 길은 멀고도 험했다. 오랫동안 거대 양당 체제에 익숙해진 국민은 제3의 길에 별 관심을 보이지 않았고, 유 후보의 지지율은 한 자릿수 답보상태에서 벗어나질 못했다.

그러자 당내에서 중도 보수가 함께하는 3자 후보 단일화를 요구하는 목소리가 수면 위로 떠올랐다. 자유한국당(전 새누리당) 홍준표, 국민의당 안철수 후보와 함께 후보를 단일화해 민주당 문재인 후보에게 대항해야 한다는 것이었다. 나도 거기에 힘을 보탰다. 민주당 문재인 후보를 꺾을 수 있는 방법은 그것뿐이었다.

뜻을 함께한 20명의 의원들은 유승민 후보에게 즉각 단일화 논의에 착수할 것을 촉구하고, 응하지 않는 것은 좌파 집권의 길을 열어 역사에 과오를 남기는 것이라고 부언했다.

그러나 유승민 후보는 최종적으로 단일화를 거부했고, 이에 실망한 12명의 의원은 집단 탈당과 함께 자유한국당 홍준표 후보 지지를 선언했다. 박근혜 대통령 탄핵에 동참하며 새누리당을 탈당한 지 4개월 만이었다.

···

후보 단일화에는 뜻을 같이했지만 탈당에 대한 이야기가 나오면서 나는 고민이 깊어졌다. 좌파 집권을 막기 위해서는 유일한 대항마인 홍준표 후보에게 표를 몰아주는 것이 맞다. 하지만 복당은 얘기가 다르다. 명분이 없다. 불과 4개월 전 '적폐세력'으로 규정하고 탈당한 자유한국당(당시 새누리당)에 아무런 조건 없이 복당한다면 국민들이 어떻게 생각하겠는가?

나는 결정을 유보하고 전주로 내려갔다. 어떻게 하는 게 좋을지,

나를 뽑아 준 전북도민들의 의견을 듣고 싶었다. 당원 1,500명을 대상으로 여론조사를 실시해 의견을 취합했다. 자유한국당 복당, 국민의당 합류, 무소속, 바른정당 잔류 등을 두고 의견이 분분했다.

명분 없는 탈당보다는 바른정당에 남아 대선 이후 새로운 활로를 모색하자는 의견도 있었고, 현실적으로 당선 가능성이 없는 바른정당에 남아 무엇을 하겠느냐는 분들도 있었다. 이제는 새로운 정치 실험을 할 때라며 새길을 찾아 탈당해야 한다는 분들도 있었다. 수적으로는 바른정당 잔류를 권유하는 분들이 가장 많았다.

・・・

나는 결국 탈당을 유보하고 바른정당 잔류를 결정했다. 도민들의 뜻을 받들어 실리보다는 명분을 선택했다. 나는 전북도의회에서 기자회견을 자청, 도민들에게 잔류의 뜻을 밝히고 그 이유를 설명했다.

"… 전북도민들이 제게 준 준엄한 명령은 합리적이고 상식적인 가치를 추구하는 바른정당을 지키라는 것이었습니다. 저는 국민과 전북도민만 바라보며 묵묵히 그 길을 가겠습니다. 어려운 길을 힘차게 갈 수 있도록 많은 관심과 성원을 당부드립니다."

나는 그렇게 바른정당 잔류를 선언하고 유승민 후보를 도와 막바지 선거운동에 최선을 다했다.

바른정당을 민생 실용정당으로

　대통령 선거는 결국 더불어민주당 문재인 후보의 당선으로 막을 내렸다. 최종 득표율은 41.1%. 우여곡절을 거치며 완주한 우리 당 유승민 후보는 6.8%의 득표율로 5명의 후보 중 4위에 그쳤다. 선거기간 내내 계속된 단일화 요구와 투표일을 10여 일 앞두고 발생한 '13명 의원의 집단 탈당' 등 끊이지 않는 악재 속에서 고군분투했지만, 기대에는 훨씬 못 미친 득표율이었다. 개혁보수를 주창하며 호기롭게 출범한 바른정당으로서는 참담한 성적표였다.

　그렇다고 마냥 주저앉아 있을 수는 없었다. 참패를 딛고 새로이 도약하기 위해서는 새로운 인물을 통한 세대교체가 필요했다. 당에서도 새로운 지도부 구성을 통해 당의 면모를 일신하고자 조기 전당대회 개최를 확정했다.

6월 26일로 전당대회 날짜가 확정되면서 나는 고민에 빠졌다. 위기에 빠진 당을 위해 뭔가 역할을 해야 한다는 생각 때문이었다.

당에서는 새로운 인물로 지도부를 구성해야 한다는 공감대가 형성되어 있다. 내가 비록 이번에 등원한 초선의원이지만 보수의 불모지 전주에서 망국적인 지역장벽을 깨고 32년 만에 당선된 저력과 에너지가 있다. 그 힘으로 중심을 잡아 위기에 빠진 당을 구해야 한다는 생각이 들었다. 주변에서도 당을 위해 헌신하고 봉사할 것을 권유했다.

고민 끝에 나는 결심을 굳혔다. 초선의원의 한계를 딛고 당 대표 경선에 출마하겠다고 출사표를 던졌다.

...

"프랑스의 마크롱은 '앙마르슈'라는 창당 1년의 신생 정당을 기반으로 지난 5월 대선에서 최연소 대통령으로 당선되었습니다. 마크롱이 승리할 수 있었던 것은 보수 진보의 이념을 뛰어넘어 실용으로 무장하고 중도층을 공략했기 때문입니다. 나는 대한민국의 마크롱이 되어 바른정당을 좌와 우, 보수와 진보를 뛰어넘는 민생정당·실용정당으로 만들겠습니다."

당 대표 선거에 출마하면서 나는 민생정당·실용정당을 기치로 내세웠다. 그 가능성을 프랑스의 앙마르슈에서 찾았다.

지난 5월의 프랑스 대선에서 마크롱을 당선시킨 앙마르슈 당은 창당 1년 남짓의 신생정당으로 의회에 단 한 석도 없던 소수정당이었다.

그런 앙마르슈가 프랑스 정치의 중심으로 등장한 것은 당파를 떠나 민생과 실용 정책에 집중한 덕분이었다.

미국의 트럼프 대통령 또한 미국 중심의 실용정책을 근간으로 하고 있고, 중국이나 일본 또한 크게 다르지 않다. 세계 정치의 패러다임이 민생과 실용을 중시하는 방향으로 바뀌고 있다.

나는 우리 바른정당 또한 민생과 실용을 근간으로 하는 정책정당으로 탈바꿈시켜 위기를 새로운 기회로 만들어 나가겠다 고 약속했다.

구체적으로 '민생특위 20'을 공약했다. 당의 현역의원 20명 각자가 원외위원장 2~3명과 함께 전문 분야의 민생특위를 만들어 국민들의 삶 속으로 들어가는 민생정치 실용정치를 구현하겠다고 약속한 것이었다.

...

그러한 노력이 당원과 국민들의 마음을 움직였는지 나는 1차로 진행된 호남·제주 책임당원 투표에서 1위를 차지하는 등 초반 돌풍을 일으켰다. 호남이 내 기반이라고 해도 예상 밖의 결과라며 언론에서도 큰 관심을 보였다. 덕분에 국민들에게 별 관심이 없었던 바른정당 당 대표 경선이 흥행 조짐까지 보였다.

지역을 순회하며 한 달 가까이 진행된 선거 결과 3선의 이혜훈 의원이 당 대표에 당선되었고, 나는 김영우, 하태경 의원과 함께 최고위원에 선출되었다.

등원 2년의 초선의원으로 다소 무모한 도전이었지만 나는 지역장벽을 깨던 그때의 마음과 자세로 최선을 다했고, 결국 지도부 입성이라는 적지 않은 성과를 거뒀다. 경선 기간 내내 강조했던 민생정치 실용정치를 구현할 기반을 마련한 것이었다.

〈민생특위 20〉 출범

고복격양(鼓腹擊壤)이라는 말이 있다. 중국의 고전『십팔사략(十八史略)』에 나오는 말로, 손으로 배를 두드리고 발로 땅을 구르며 장단을 맞춘다는 뜻이다. 백성들이 풍족한 생활을 하며 태평세월을 누리는 것을 비유한 말이다. 정치가 아무리 백성을 고맙게 해 준다고 해도 백성들이 정치를 전혀 모르고 스스로 편히 사는 것보다 못하다는 의미로, 민생의 중요성을 이야기할 때 자주 인용된다.

그렇다. 정치의 목적은 민생이다. 국민들이 편하고 걱정 없이 살 수 있도록 하는 것. 그보다 중요한 것은 없다.

당 대표 경선에 출마하면서 나는 바른정당을 민생정당·실용정당으로 만들겠다 약속하고 구체적인 실천방안으로 '민생특위 20'을 제시했다. 기존 정당의 특위와 달리 당내 현역의원 20명 전원이 원외

위원장들과 함께 민생 각 분야의 특위를 조직하고 공동위원장을 맡아 직접 챙기는 방안이었다. 20석밖에 되지 않는 바른정당의 취약점을 어떻게 극복할까 끊임없이 고민하다가 생각해 낸 방안이었다.

•••

선거 결과 이혜훈 의원이 당 대표에 당선되고 나는 최고위원으로 선출되었다. 비록 당 대표는 되지 못했지만, 지도부에 입성한 만큼 이혜훈 대표와 협의해 '민생특위 20'을 실행에 옮기기 위해 노력했다.

나는 20명의 의원 한 분 한 분을 직접 찾아가 민생과 실용의 중요성을 강조하고 '민생특위 20'에 적극 참여해 줄 것을 요청했다. 의원들 또한 경선과정에서부터 민생정당·실용정당의 기치에 공감하고 있던 터라 흔쾌히 참여, 이내 20개의 민생특위가 만들어졌다.

대표적으로 칼퇴근 특위(유승민), 청년주거 특위(이혜훈), 가맹점 갑질 근절 특위(지상욱), 행복한 고령사회 특위(김무성), 장애인 특위(주호영), 스타트업 지원 특위(김세연), 귀농귀촌 특위(황영철), 소상공인 특위(정양석), 미세먼지 특위(유의동) 등이었다.

나는 국회 등원 후 내가 일관되게 추진하고 있는 농촌 태양광 사업의 확대를 위해 농촌태양광 특위를 맡았다. 아울러 20개 특위 총괄위원장에 선임, 개별 성과를 총괄해 당 정책에 반영하는 역할도 맡았다.

특위에는 20명의 현역의원 외에도 특위당 4~7명의 원외 당협위원장들이 공동위원장으로 참여, 위원장만 130여 명에 이르는 대규모

조직으로 골격을 갖췄다.

...

조직과 구성이 마무리되자 나는 곧바로 발대식을 개최했다. 민생특위의 출범을 대내외에 알리고 의지와 각오를 다지기 위해서였다.

국회 본관 앞에서 개최된 발대식에는 특위 위원장을 맡은 현역의원과 원외위원장 155명 외에도 당직자와 보좌진들까지 대거 참석해 큰 성황을 이뤘다.

"바른정당은 오늘부터 전국 곳곳을 다니며 민생을 구석구석 살피고, 현장에서 얻은 내용을 바탕으로 실용법안·민생법안을 만들겠습니다. 답은 현장에 있고, 우리 바른정당은 그 답을 찾아 현장으로 달려가겠습니다."

나는 총괄위원장으로서 민생특위의 의미와 역할을 강조하고, 민생정치 실용정치를 통해 바른정당이 새롭게 거듭나자고 역설했다.

발대식을 마치고 20개 특위는 본격적인 활동에 들어갔다. 특위별로 현장 행보에 나서 민생을 살피고, 개별 성과들은 곧바로 내게 보고될 것이다. 나는 그것을 총괄해 향후 당 정책에 반영해 나갈 것이다.

나는 마음이 부풀었다. 국민 속으로 다가가기 위해 시작된 '민생특위 20'이 소기의 성과를 거둬 우리의 정치가 이념과 당파에서 벗어나 민생과 실용으로 거듭나길 기대하며, 내가 가진 모든 역량을 다 쏟아부어 그렇게 만들어나가리라 다시 한번 다짐했다.

새로운 정치실험, 국민통합포럼

대선 과정에서 20명의 의원이 집단 탈당하면서 바른정당의 당세는 급격히 약화되었다. 탈당을 고려하던 황영철 의원에 이어 내가 잔류를 결정함으로써 현역의원 20명으로 교섭단체의 지위는 간신히 유지했지만, 한 명의 의원이라도 문제가 생기면 교섭단체도 되지 못하고 소수정당으로 전락할 판이었다.

그러한 위기감이 엄습하자 지난 총선 직후 열렸던 4인 좌담회가 생각났다. 지역장벽을 넘어 당선된 대구의 김부겸, 부산의 김영춘, 광주의 이정현, 그리고 전주의 나까지 넷이 모여 이야기를 나눈 자리였다. 그 자리에서 김영춘 당선자가 4인의 지역동맹 같은 모임을 제안했었는데, 지금의 바른정당에 필요한 것이 바로 그것일지 모른다는 생각이었다.

지난 총선에서 내가 보수정당 후보로 전주에서 당선되었다고, 또 김부겸·김영춘·이정현 의원이 당선되었다고 지역장벽이 허물어진 것은 아니다. 단지 물꼬가 조금 트였을 뿐이다.

트인 물꼬를 넓혀 지역장벽을 완전히 제거하기 위해서는 개인을 넘어 당 차원에서 적극적으로 나서야 하는데 어쩌면 지금의 바른정당이 그 역할을 할 수 있을 것 같았다.

지금 우리의 정당구조는 지역과 이념을 기반으로 하는 더불어민주당과 자유한국당 양당체제가 확고히 자리 잡고 있다. 양당 외에 영남을 기반으로 하는 보수 성향의 바른정당과 호남을 기반으로 하는 중도 진보 성향의 국민의당이 있지만 현역의원이 20명, 40명으로 양당과는 비교가 되지 않는다.

그런 만큼 두 당이 지역과 이념을 넘어 민생과 실용의 정책으로 연대하면 새로운 3당 체제를 구축, 한국 정치의 새로운 활로를 열 수 있을 것이란 생각이었다.

...

그런 생각을 하고 있는데 국민의당 이언주 의원 쪽에서 연락이 왔다. 정국 상황에 대해 같이 얘기를 나누고 싶다는 것이었다. 나 또한 국민의당 상황에 대해 알고 싶던 터라 흔쾌히 응했다.

만나서 얘기를 나눠 보니 이 의원 또한 나와 비슷한 생각을 하고 있었다. 우리 바른정당과의 연대를 통해 활로를 찾아야 한다는 의견이 국민의당 내에도 있다는 것이었다.

공감대가 형성되니 만남이 이어졌고, 이야기는 양당의 의원들이 참여하는 정책연대포럼을 만들자는 데까지 발전했다.

우리는 곧바로 행동에 나섰다. 바른정당은 내가, 국민의당은 이언주 의원이 나서서 동료 의원들에게 포럼의 취지와 목적을 설명하고 동참을 요청했다. 이념과 지역을 넘어 민생과 실용을 중시하는 정책연대포럼의 창립에 많은 의원들이 공감하고 동참했다.

그러한 과정을 거쳐 양당 60명의 의원 중 절반에 가까운 24명이 참여한 국민통합포럼을 창립하고 본격적인 활동에 돌입했다.

나와 이언주 의원이 공동대표를 맡은 포럼은 이후 주 1회 정기적으로 모임을 갖고 주요 현안과 양당의 관심사에 대해 함께 논의하고 공동 대응 방안을 마련하는 등 활발한 활동을 전개했다.

선거제도 개편방향, 혁신주도 성장, 규제프리존법, 탈원전 문제 등 주요 현안에 대해 토론회나 세미나를 개최, 함께 문제를 인식하고 공동 대응 방안을 마련하기 위해 노력했다. 특별감찰관법 등 정기국회에서 중점 처리할 법안을 공개적으로 발표하는 등 실질적인 성과도 거뒀다.

고리(탈원전 관련), 군산(GM자동차 관련), 거제(조선산업 관련) 등 민생현장을 찾아 현장간담회를 개최하는 등 민생 살피기에도 함께 나섰다.

그런가 하면 광주 5·18 묘역과 박정희 생가를 합동으로 방문하고 영호남지역 합동워크숍을 개최하는 등 동서화합을 위한 노력도 함께했다.

 이러한 행사에 양당의 대표인 유승민, 안철수 의원이 자주 참석토록 해 연대와 통합 논의를 당 차원으로 발전시켰다.

 국민통합포럼은 창립 이후 양당의 통합 전까지 총 16회에 걸쳐 정책 세미나를 진행했다. 이념과 지역을 넘어 화합과 소통이라는 시대정신에 맞게 국민통합을 위한 활동도 다양하게 전개했다. 이러한 포럼의 역할과 노력이 향후 바른정당과 국민의당의 통합에 마중물이 되었다.

탈원전 정책 재고하라!

2017년 6월 27일 문재인 대통령은 처음으로 주재한 국무회의에서 뜻밖의 결정을 내렸다. 원전의 역기능을 우려, 건설 중인 신고리 원전 5·6호기에 대해 공사 중지 명령을 내리고 사회적 공론화를 통해 재개 여부를 결정하겠다고 발표한 것이었다.

신고리 원전 5·6호기 건설은 제1, 2차 에너지 기본계획과 제4, 5, 6, 7차 전력수급 기본계획에 따라 건설되고 있으며 산업통상자원부의 발전사업 허가, 전원사업개발 실시계획 승인, 원자력안전위원회의 건설허가를 거쳐 헌법과 법률이 정한 절차대로 진행되고 있었다.

그런 공사를 갑자기 중단한 것이었다. 안전성에 우려가 있을 수 있다는 것이 그 이유였다. 그러면서 내세운 법적 근거는 현행법 체계와 맞지도 않았다. 공사 중단을 위한 억지 주장에 불과했다.

더군다나 신고리 원전 5·6호기는 8조 2,000억 원이 투자되는 대형 사업이다. 건설 중단으로 인해 발생할 천문학적인 손실에 정부 정책에 대한 신뢰성 상실, 전기료 인상, 대외 신인도 악화 등 사회적 파장 또한 우려하지 않을 수 없다.

또 하나 간과할 수 없는 것은 그렇게 중차대한 국가 정책을 국무회의에서 몇 마디 논의로 결정했다는 사실이다. 주무부처인 산자부 장관은 임명도 안 된 상태였고, 종합적인 검토를 위한 차관 회의도 없었다. 전문가들의 의견수렴을 위한 세미나나 공청회도 개최하지 않았다. 국가 에너지 정책의 근간이 되는 사업을 민주적 절차도 없이 졸속으로 결정한 것이었다.

…

정부의 공사 중단 결정을 지켜보면서 나는 10년 전 광우병 파동을 떠올렸다. 2008년 한미 FTA 협상과 쇠고기 협상 당시 FTA를 체결하면 미국경제에 종속되고, 미국산 쇠고기가 수입되면 광우병이 발생해 국민 안전이 위협을 받는다며 대대적인 반대시위가 100일 동안 이어졌다. 당시 농식품부 장관으로 쇠고기협상을 책임지고 있던 나는 국민 안전을 팔아먹은 매국노로 몰려 책임을 지고 물러났.

그로부터 10년이 지난 지금 미국의 트럼프 대통령은 한·미FTA가 미국에 끔찍한 재앙이라며 재협상을 요구했고, 광우병은 아무런 근거도 없는 억지 주장으로 판명되었다.

지금 와서 내가 다시 이 이야기를 거론하는 것은 누명에 대한 억울함 때문이 아니다. 당시의 억지 주장자들을 탓하려는 것도 아니다. 국민 안전을 우려해 원전 건설을 중단하겠다는 정부의 결정이 자칫 제2의 광우병 파동이 될 수 있기 때문이다.

우리나라 원전의 우수성과 안전성은 세계 최고 수준이다. 한국수력원자력의 자료를 보면 수명이 만료된 고리 1호기를 포함해 현재까지 가동되고 있는 25기의 총 운영 기간인 500년(184,641일) 동안 단 한 차례의 원전사고도 없었다. 사전 계획 없이 원전가동이 일시정지된 경우도 세계 최소 수준이다. 이렇게 우수한 기술과 안전성을 자랑하는데 아무런 근거도 없이 국민안전을 우려해 중단한다니…. 앞뒤가 맞지 않는 이율배반적인 결정이 아닐 수 없다.

탈원전이 세계적 추세라는 정부의 설명도 맞지 않다. 전 세계 448기 가운데 탈원전을 선언한 4개국의 원전은 5.8%에 불과하다. 후쿠시마 사고 이후 원전을 폐기했던 일본도 다시 가동으로 돌아섰고, 35기를 가동하고 있는 중국 또한 현재 27기를 추가로 건설하고 있다. 건설 중인 원전을 중단할 아무런 이유가 되지 못한다.

…

나는 산자위 질의, 산자부 장관 인사청문회 등 기회가 있을 때마다 탈원전 정책에 대한 재고를 요청했다. 10년 전 광우병 파동을 예로 들며 국회 차원의 심도 있는 논의와 협의를 촉구했다.

나뿐이 아니다. 많은 야당 의원들도 한목소리로 재고를 요청했고 언론에서도 문제를 제기하고 나섰다.

그 때문인지는 알 수 없지만 민간 전문가 등으로 구성된 공론화위원회도 넉 달간의 공론화 과정을 거쳐 신고리 5·6호기에 대한 공사 재개를 권고했다. 하지만 향후의 원전 건설에 대해서는 점진적으로 축소할 것을 함께 건의했다. 그에 따라 신고리 5·6호기는 공사를 재개했지만 신규로 계획 중인 6기의 원전은 백지화될 위기에 처했다.

나는 계획 중인 원전 또한 국회에서 위원회를 구성해 깊이 있게 논의할 것을 강력히 촉구했다. 하지만 정부는 일방통행식으로 밀어붙였고, 그로 인해 탈원전을 둘러싼 사회적 갈등과 대립은 점점 더 심화되고 있다.

전북예산 지킴이

"여기 도표를 한번 봐 주십시오."

국회 예결위 종합 정책질의. 나는 이낙연 국무총리를 비롯한 국무위원들에게 회의실 앞쪽에 설치된 PPT 화면을 가리켰다. 화면에는 '예산 홀대 현황'이라는 제목 아래 정부 예산 추이가 도표로 그려져 있다.

"도표에서 보시듯 최근 4년간 정부 예산은 355조 원에서 400조 원으로 12.6% 늘었습니다. 그런데 전라북도 예산은 고작 2.3% 증가하는 데 그쳤습니다. 전북의 경우 지역발전이 뒤처진 데다 새만금 개발 등 국책사업이 많으니 최소한 평균 상승률 정도는 돼야 한다고 생각하는데 2.3%라니? 이건 정말 너무하지 않습니까?"

나는 잠시 국무위원들의 반응을 살핀 뒤 다음 페이지로 화면을 넘겼다.

"여기도 한번 봐 주십시오. 지역발전특별회계(이하 지특회계) 집행 현황입니다. 지특회계는 노무현 정부 때 지역 간 불균형을 해소하고 지방 자립을 지원하기 위해 만들었습니다.

노무현 정부에서는 5년 동안 연평균 12%씩 상승했는데 2009년부터 2017년까지는 1%밖에 되지 않습니다. 정부 예산이 4.4%씩 상승한 것을 감안하면 지역균형 발전에 대한 의지가 약화된 것으로 판단할 수밖에 없습니다. 그런데 더 놀라운 일이 있습니다."

나는 다시 다음 페이지로 화면을 넘겼다.

"지특회계의 지역별 지원현황을 보면 유독 전라북도만 감소가 됩니다. 경북은 1조 6,000억 원으로 지원금액이 가장 많은데도 1,764억 원이 늘어났고, 전남도 650억 원이 증가했습니다. 우리 전북만 135억 원이 감소했습니다. 지역을 균형발전 시키자고 만든 지특회계인데 어떻게 저렇게 차이가 날 수 있는지 저로서는 납득이 되지 않습니다.

총리님! 이에 대해 어떻게 생각하십니까? 기획재정부 장관께서는 어떻게 생각하시는지 말씀 좀 해 보십시오."

나는 국무총리와 기획재정부 장관, 감사원장 등을 일일이 호명해 가며 물었다. 문제가 있다는 것을 깊이 각인시키기 위해서였다. 총리도 기획재정부 장관도 문제가 있다는 데 동의를 하면서도 제대로 된 답변은 하지 못했다.

마지막으로 나는 간곡한 어조로 부탁 아닌 부탁을 했다.

"제가 전주에서 지역장벽을 깨고 32년 만에 당선된 것은 바로 이런 홀대를 극복하고 전북의 예산을 제대로 챙기라는 전북도민들의 준엄한 명령입니다. 우리 총리님, 기획재정부 장관님께서는 이러한 점을 인식하시어 우리 전북도 균형 있게 발전할 수 있도록 힘써 주실 것을 간곡히 부탁드립니다."

...

해마다 가을이 되면 국회에서는 예산전쟁이 벌어진다. 정부 부처는 부처대로, 지자체는 지자체대로 국가예산을 한 푼이라도 더 확보하기 위해 치열하게 경쟁한다.

하지만 그때는 막바지 조정작업일 뿐이다. 정말로 중요한 것은 정부의 예산안 편성단계부터 현안사업이 포함되도록 하는 것이다. 소위 쪽지예산이 아니라 정해진 규정과 원칙에 따라 확보해야 한다.

그러기 위해서는 객관적인 자료와 분석, 타당한 논리가 필요하다. 예산 담당자들이 수긍할 수밖에 없는 객관적인 자료를 바탕으로 합리적이고 타당한 논리를 개발해 설명하고 설득시켜야 한다. 그래야 치열한 예산전쟁에서 승리할 수 있다.

이를 위해 나는 연초부터 예산작업에 착수했다. 1월 5일 전북도 국가예산팀과 도내 14개 시군의 예산 담당자들을 국회로 초청, 예산 확보를 위한 실무자회의를 개최했다.

"국가예산 확보를 위해서는 현안사업 예산이 각 부처의 예산안 편성 단계부터 포함되도록 하는 것이 중요합니다. 국회의 예산심의 단계에서 증액하는 것은 한계가 있습니다."

나는 그동안의 경험을 바탕으로 기본전략을 설명하고 협력과 공조를 통해 예산 확보를 위해 함께 노력하자고 당부했다.

아울러 각종 현안과 국책사업에 대한 자료를 철저히 검토하고 합리적인 논리를 개발해 정부 담당자들을 설득하도록 주문했다.

나 또한 철저히 준비했다. 새만금을 비롯한 전북의 현안사업과 예산현황을 꼼꼼히 검토했다. 이를 바탕으로 산자위나 예결위 질의, 국정감사 등 기회가 있을 때마다 설명하고 질의하고 설득했다. 앞에서 언급한 예결위 종합정책질의 또한 사전에 꼼꼼하게 준비하고 연습까지 한 결과였다.

아울러 예산안 조정소위 위원으로 참여하고 전북의 여야의원들과 공조시스템을 구축, 국회 단계에서의 확보와 증액에도 최선을 다했다.

　세상에 공짜는 없다. 앞에서 언급한 것처럼 홀대받던 전북의 국가예산이 해마다 눈에 띄게 증가한 것은 결코 우연이 아니다. 힘 있는 의원의 쪽지예산 덕분도 아니다. 전북도 및 14개 시군의 예산 담당자들과 함께 연초부터 빈틈없이 준비하고, 치밀하고 일관된 전략으로 일 년 내내 열심히 노력한 결과다.

3장

민생정치, 실용정치

동서화합의 바른미래당 출범

2018년 2월 13일 고양 킨텍스 제2전시장. 혹한의 바깥 날씨와는 달리 전시장 안은 열기가 가득했다. 전국에서 모여든 바른정당과 국민의당 당원과 지지자 수천 명이 모여 내뿜는 환호와 열기에 가만히 있어도 땀이 흐를 정도였다. 양당 간의 통합작업이 마무리되어 바른미래당으로 새롭게 출범하는 자리였다.

'같이 가는 바른미래, 가치 있는 바른미래'

단상에 올라 행사장 곳곳에 걸려 있는 현수막을 보고 있자니 참 많은 기억들이 떠올랐다. 국민의당 이언주 의원과 함께 국민통합포럼을 만들던 것부터 최근의 통합추진위원회 활동까지 그동안 있었던 크고 작은 일들이 주마등처럼 머리를 스쳤다.

어렵고 힘든 여정이었다. 지역과 이념을 달리하는 두 정당을 하나로 통합하는 것이 새로운 정당을 만드는 것보다 더 힘들고 어렵다는 것을 직접 몸으로 체험했다. 바른정당 내에서도 이탈자가 생겼고, 국민의당에서는 반대파들이 탈당해 신당까지 창당했다.

그래도 우리는 헌정사상 초유의 동서화합정당을 위한 발걸음을 멈추지 않았고, 결국 이렇게 바른미래당으로 통합해 새롭게 출범하는 것이었다. 만감이 교차했고, 그만큼 더 무거운 책임감을 느꼈다.

언론에서도 뜨거운 관심을 보인 이날 행사에서 유승민 박주선 의원이 공동대표로, 김동철 의원이 원내대표로 추대되고, 나는 김중로 권은희 하태경 의원과 함께 최고위원에 추대되었다. 국민통합포럼을 창립해 양당의 통합에 주도적인 역할을 한 만큼 바른미래당의 발전에 큰 역할을 해 달라는 의미였다.

사회자의 소개를 받은 나는 인사를 마치고 이제는 내 트레이드마크가 된 '된다! 된다! 꼭 된다!'를 소리 높여 외쳤다. 어렵게 출범한 바른미래당이 동서화합을 통해 한국 정치의 새로운 활로가 되기를 마음속으로 빌고 또 빌었다.

...

"전라도와 경상도를 가로지르는 섬진강 줄기 따라 화개장터엔 아랫마을 하동 사람 윗마을 구례 사람 닷새마다 어우러져 장을 펼치

네…"

내가 좋아하는 조영남의 노래 〈화개장터〉의 첫 소절이다. 가사처럼 화개장터는 전라도와 경상도가 만나는 접경지역에 자리 잡고 있으며 전라도 사람과 경상도 사람이 함께 어우러져 장을 펼친다. 영남과 호남이 공존하고 화합하는 상징적인 장소다.

바른미래당 출범 후 나는 자주 화개장터를 떠올렸다. 영남을 기반으로 하는 보수 성향의 바른정당과 호남을 기반으로 하는 중도진보 성향의 국민의당. 지역과 이념을 달리하는 두 당이 통합한 바른미래당이 바로 한국 정치의 화개장터가 돼야 한다는 생각에서였다.

사실 두 당이 통합은 했지만 아직은 물리적인 결합 수준에 머물러 있다. 이를 화학적 통합으로 이끌어 진정한 하나가 되기 위해서는 지역과 이념을 뛰어넘어 서로 소통하고 화합해야 한다. 화개장터처럼 영호남 의원들이 함께 어울려 장을 펼쳐야 한다.

그러한 취지에서 나는 특별한 행사를 기획했다. 바른미래당 영호남 의원들이 함께 화개장터에 모여 서로 마음을 열고 소통하는 '동서화합의 장'이 그것이었다.

...

바른미래당이 출범하고 얼마 지나지 않아 섬진강변의 화개장터에서 바른미래당 '동서화합의 장' 행사가 열렸다. 바른미래당에 참여한 바른정당계, 국민의당계 영호남 의원들이 한데 어울려 서로 소통하고 화합하는 자리였다. 동서화합의 상징인 화개장터에서 동서화합 정당인 바른미래당의 미래를 열고자 내가 기획하고 제안한 행사였다. 유승민·박주선 공동대표를 비롯해 하태경, 주승용, 권오을 등 영호남 지역을 대표하는 의원들이 대거 참석했다.

나는 인사말을 통해 행사를 마련한 취지를 설명했다.

"…지난 30년 동안 영남과 호남 모두 지역장벽에 꽁꽁 묶여 살아왔습니다. 이제 우리 바른미래당이 중심이 되어 고질적인 지역장벽을 걷어내고 동서화합과 국가 균형발전을 이루어 나갑시다!"

기념식에 이어 영호남 의원들이 서로 포옹하고 격려하는 퍼포먼스와 현장 상인들과의 간담회가 이어졌고, 마지막으로 대형 연을 날리는 행사가 진행되었다.

영호남 의원 모두가 함께 줄을 잡고 날린 대형 연이 섬진강변에 높이 떠올랐다. '지역주의 극복', '바른미래당 동서화합의 장' 등의 글자를 새긴 꼬리가 쉴 새 없이 바람에 나부꼈다.

그 연에 나는 마음속 기원을 담았다. 내가 지역장벽을 깨고 보수정당 후보로 전주에서 당선되었듯, 다가오는 지방선거에서 우리 바른미래당과 후보들이 지역과 이념을 뛰어넘는 또 하나의 기적을 만들어 주기를….

당이 바뀌어도 민생이 최우선

불도저, 탱크, 무데뽀, 찐드기…

나를 아는 정부 담당자나 언론에서 내게 붙여준 별명들이다. 한번 시작하면 끝까지 밀어붙인다고, 끈질기게 물고 늘어진다고 해서 붙여졌다. 새만금 개발과 농촌 태양광 사업을 추진하면서 그런 이미지가 더 굳어졌다. 전북 발전, 농촌 발전을 위해 꼭 필요한 것이라면 끈질기게 밀어붙였고, 지금도 밀어붙이고 있다.

정책뿐 아니라 당내의 일에 있어서도 끈질기게 밀어붙이는 것이 있다. 민생특위가 그것이다.

지난해 바른정당 당권 경쟁에 참여하면서 나는 〈민생특위 20〉을 공약으로 제시했다. 현역의원 20명 전원이 원외위원장들과 함께 공동위원장을 맡아 민생 각 분야를 직접 챙기자는 제안이었다. 20석밖에 되지 않는 바른정당의 취약점을 어떻게 극복할 수 있을까, 끊임없이 고민하다 떠올린 아이디어였다.

선거 결과 이혜훈 의원이 당 대표에 당선되고 나는 최고위원에 그쳤지만 '민생특위 20'을 새 지도부의 핵심과제로 삼아 전면적인 추진에 나섰다. 의원별로 민생 한 분야씩 나눠 맡아 20개 특위를 구성하고 발대식까지 마쳤다.

하지만 성과를 내지는 못했다. 이혜훈 대표가 불미스러운 일로 대표직에서 사퇴하면서 당은 다시 당권 경쟁에 돌입했고, 9명의 의원이 2차 탈당하는 등 내우외환이 겹쳐 용두사미가 되고 말았다.

그렇다고 포기할 수는 없었다. 한번 마음을 먹으면 어떻게든 추진하는 것이 내 스타일이다. 국민의 삶을 돌보는 것이 정치라면 정당은 민생을 최우선으로 해야 한다. 당이 바뀌었다고 그것까지 달라질 수는 없다. 나는 바른미래당 출범 후 다시 민생특위 구성을 추진했다.

...

바른미래당 출범 후 처음 열린 최고위원회의에서 나는 민생특위 구성을 제안했다. 바른미래당이 민생실용정당을 표방한 만큼 지역과 이념을 넘어 국민들의 민생 문제부터 해결하자는 취지였다. 바른정당 시절 추진한 '민생특위 20'을 다시 제안한 것이었다.

내 제안은 받아들여졌고, 나는 총괄위원장을 맡아 동료 의원들과 특위 구성에 대해 논의하고 의견을 수렴했다. 산하에 위원회를 두고 현역의원과 원외위원장이 팀을 이뤄 현장간담회와 세미나 개최, 법안 발의 등을 통해 민생정치를 구현하기로 의견을 모았다.

그러한 과정을 거쳐 현역의원 12명과 지역위원장 113명이 참여하는 12개 민생특위를 구성했다. 반려동물특위(정병국), 소상공인특위(이찬열), 채용비리근절특위(하태경), 관광산업발전특위(김관영), 미세먼지대책특위(유의동), 청정에너지특위(정운천) 등이었다.

그리고 며칠 뒤 유승민·박주선 공동대표와 안철수 서울시장 후보, 특위 위원장 등 150여 명이 참석한 가운데 발대식을 갖고 본격적인 운영에 돌입했다.

"바른미래당은 현장 속으로, 국민 속으로, 미래로 달려가야 합니다. 민생특위를 통해 현역의원과 원외위원장들이 힘을 모아 국민들의 뜻을 받들고 국민들의 요구를 국회에 반영함으로써 국민들의 지지를 받는 바른미래당이 될 수 있도록 함께 노력합시다!"

나는 인사말을 통해 민생특위의 목적을 다시 한번 설명하고 모두가 한마음으로 동참해 줄 것을 요청했다.

•••

민생특위 운영과 병행해 나는 정책홍보단을 출범시켰다. 바른미래당이 민생정당·정책정당·동서화합정당으로 거듭났음을 국민들에게 알리고 국민의 지지와 동참을 이끌어내기 위해서였다.

 나는 정책홍보단 단장을 함께 맡아 전국 17개 시도당 323명으로 정책홍보단을 구성하고 다각적인 홍보활동을 전개했다.

 그 일환으로 17개 시도에 정책홍보 차량을 투입해 운영했다. 선거법이 허용하는 범위 내에서 지역별로 발대식을 갖고 한 달에서 길게는 두 달에 걸쳐 운영했다.

 '바른미래당이 국민 속으로 달려갑니다'라는 슬로건을 부착한 차량에서는 동서화합을 위한 바른미래당의 출범과 함께 국민의 불편을 해소하기 위한 정책들을 영상으로 소개해 많은 국민의 호응을 받았다.

 민생정당·실용정당으로 새롭게 출범한 바른미래당이 국민에게 보다 가까이 다가가기 위한 노력의 일환이었다.

또 하나의 시험대, 6·13 지방선거

　동서화합의 제3정당으로 새롭게 출범한 바른미래당은 출범과 동시에 선거체제로 전환했다. 민선 7기의 6·13 지방선거가 석 달 앞으로 다가와 있었다.
　정당에게 선거는 동전의 양면과 같다. 기회와 위기가 동시에 존재한다. 신생 정당이나 새로운 지도부로 면모를 일신한 경우에는 더욱 그러하다. 만족스러운 결과를 얻으면 확고히 자리 잡을 수 있지만 그렇지 못하면 존립 기반 자체가 흔들릴 수 있다.
　지난해 개혁보수를 기치로 창당된 바른정당이 결국 갈등과 분열의 길로 들어선 것도 대선에서의 부진이 원인이었다. 바른미래당에는 타산지석이 아닐 수 없다.
　대부분의 선거가 그러했듯 이번 지방선거 또한 집권여당인 더불어민주당과 제1야당인 자유한국당, 두 거대 정당의 싸움으로 전개되었다. 특히 역사적인 북미정상회담이 투표 하루 전에 열리게 되면서 남북관계가 최대 이슈로 부상했고, 선거는 또다시 양당 간의 이념 대결 양상으로 번졌다. 우리 바른미래당에게는 정말로 어려운 선거였다.

...

이러한 상황에서 우리가 내세울 수 있는 것은 한 가지뿐이었다. 통합의 주역이자 상징적 인물인 유승민, 안철수 두 의원이 공동으로 유세에 나서는 것이었다. 서로 손을 잡고 어깨동무도 하면서 바른정당과 국민의당이 하나가 되었음을 국민들에게 보여주는 것이었다. 그것이 국민들의 관심과 지지를 이끌어낼 유일한 방안이었다.

그러나 현실은 그렇지 못했다. 오히려 공천권을 놓고 대립하는 양상을 보였다. 서울시장 선거에 출마한 안철수 의원은 본인과 뜻을 같이하는 인물들로 공천하길 원했고, 유승민 의원은 원칙과 절차에 따라야 한다는 입장을 고수했다.

지역과 이념을 달리하던 바른정당과 국민의당이었다. 그런 두 당이 합쳤으니 생각이 다를 수 있고 갈등도 겪을 수 있다. 아니 어쩌면 그게 정상이다.

하지만 그런 내적인 문제는 보이지 않는 곳에서 조정해야 한다. 밤을 새워서라도 치열하게 논쟁하고 협의해 결정해야 한다. 그리고 국민들께는 화합하고 협력하는 모습을 보여줘야 한다. 그것이 내가 생각하는 정치였다.

하지만 당의 상황은 그렇지 못했다. 공천권을 놓고 잡음과 불협화음이 계속되고 있다고 연일 언론에 보도되었고, 그로 인해 양측의 대립과 갈등이 커져만 갔다. 하나로 똘똘 뭉쳐 전력을 다해도 부족할 판인데…, 선거가 더더욱 어려워질 수밖에 없었다.

...

그렇다고 손 놓고 기다릴 수는 없었다. 나는 분쟁 해결에 발 벗고 나서는 한편 선거운동에도 최선을 다했다. 지역구가 군산인 국민의당 출신 김관영 의원과 함께 선거대책위원장을 맡아 전북지역의 선거를 총괄했다.

전북의 경우, 더불어민주당과 민주평화당 후보들의 각축 속에 우리가 뒤쫓는 양상으로 전개되었다. 그런 만큼 판세를 뒤집기 위해서는 유권자들에게 어필할 수 있는 독특하고 차별화된 선거전략이 필요했다.

그래서 생각한 것이 자전거 유세단이었다.

확성기까지 동원해서 벌이는 선거 유세가 주민들에게 오히려 소음공해가 되는 만큼 우리는 자전거를 이용해 무소음·무공해 선거운동을 전개한 것이었다.

바른미래당과 후보의 이름을 등에 멘 채 자전거를 타고 시내 곳곳을 달리는 자전거 유세단. 우리 당만의 신선하고 이색적인 선거운동에 주민들도 많은 관심과 호응을 보였다. 나도 각종 매체에 출연해 무소음·무공해 선거운동을 소개하고, 바른미래당 후보를 지지해 달라고 호소했다.

언론에서 '기울어진 운동장'이라고 표현할 만큼 야당에게 불리한 여건인 데다 당내의 잡음과 갈등까지 겹쳐 정말로 어렵고 힘든 선거였다. 그래도 나는 포기하지 않고 내가 가진 모든 역량을 다 쏟아부었다. 결과를 떠나 내 개인적으로 미련도 후회도 없는 선거였다.

갈등과 대립의 조정자로

서로 다른 둘이 한 곳에 모인다고 통합이 아니다. 그것은 단지 물리적인 결합일 뿐이다. 용광로에서 쇳덩이가 녹듯 둘이 완전히 녹아 하나로 섞일 때 비로소 통합이 된다.

한국 정치의 고질적 병폐인 지역주의를 극복하고자 바른정당과 국민의당이 바른미래당으로 통합은 했지만 아직은 물리적 결합 수준에 머물러 있고, 그로 인해 갈등과 대립이 수시로 노출되었다. 대표적인 것이 지방선거와 동시에 치러진 서울 노원병과 송파을 국회의원 재보궐 선거의 후보자 공천을 둘러싼 갈등이었다.

국민의당 대표였던 안철수 의원은 서울시장 출마를 이유로 두 곳의 후보자를 본인 뜻대로 공천하고자 했고, 바른정당 대표였던 유승민 의원은 원칙과 절차에 따라야 한다는 입장을 고수했다. 결국 양측 모두 각각의 후보를 내세웠고, 시간이 지날수록 갈등의 골이 깊어만 갔다.

...

나는 마음이 급해졌다. 그렇지 않아도 어려운 선거였다. 두 의원이 손을 잡고 유세에 나서도 모자랄 판에 서로 대립하는 모습을 보이면 선거는 끝난 것이나 마찬가지였다. 빠른 시간내에 갈등을 해결해야 한다는 생각에 나는 후보자 직접 설득에 나섰다.

먼저 노원병은 바른정당 출신인 이준석 당협위원장이 오랫동안 공을 들인 지역이었다. 반면 안철수 의원 측에서 내세운 김근식 경남대 교수는 노원병과 아무런 인연이 없었다. 그런 김 교수가 이 위원장을 밀어내고 공천을 받는다는 것은 누가 보더라도 불공정했다.

나는 김근식 교수를 따로 만나 설득에 나섰다.

"교수님께서는 노원병에 가 보지도 않았잖습니까? 그런 교수님이 안철수 의원의 특별공천만으로 점령하듯이 차지하면 당선도 되지 않을뿐더러 장기적으로 보면 교수님께도 득이 되지 않습니다. 다음을 기약하는 것이 좋습니다."

나는 분명한 어조로 김 교수가 물러나는 것이 당을 위해서도 김 교수 본인을 위해서도 바람직하다고 설득했다.

그 때문인지는 모르지만 다음날 김 교수는 자진 철회의 뜻을 밝혔고, 그로 인해 사태는 일단락되었다. 그 일을 어찌 알았는지 이준석 위원장은 페이스북에 글을 올려 직접 내 이름을 거론하며 '중재자 역할을 잘 해 주셔서 감사하다'는 뜻을 밝혔다.

...

노원병에 비해 송파을은 상황이 더 복잡했다. 여론조사 경선에서 박종진 전 채널A 앵커가 승리했고, 최고위원회의의 추인만 남은 상태였다.

유승민 대표는 승리한 박 앵커를 후보자로 공천해야 한다는 입장이었다. 반면에 안철수 의원 측에서는 중량감 있는 인사가 나서야 한다며 손학규 전 의원의 전략공천을 주장했다. 언론에 연일 보도될 정도로 팽팽한 기싸움이 계속되었다.

나는 유승민 대표에게 노원병에 유 대표 측 의견을 반영했으니 송파을은 안 의원 쪽 의견을 받는 게 좋겠다고 제안했다. 하지만 유 대표는 묵묵부답이었고 나는 직접 후보들 설득에 나섰다.

먼저 손학규 대표를 만나 새벽까지 막걸리를 마시며 설득했다.

"유승민, 안철수 의원의 분열로 당이 어려움에 처했습니다. 이런 상황에서 손 대표께서 나오시면 대표님도 망가집니다. 나오시려면 모양을 잘 갖춰서 나와야 합니다. 박종진 앵커가 후보를 철회하고 손 대표를 모시겠다, 이런 모양을 갖추면 얼마나 좋습니까? 그게 안 되면 나오시면 안 됩니다. 제가 한번 만들어 보겠습니다."

손 대표는 그런 나의 제안을 받아들여 불출마의 뜻을 밝혔다. 나는 다음 수순으로 대학 후배이기도 한 박종진 앵커를 만났다.

"지금 송파을 공천을 둘러싼 갈등으로 당이 위기에 처했습니다. 당을 살리려면 상황을 역전시킬 수 있는 특단의 조치가 필요합니다. 후배님이 통 크게 양보하십시오. 그리고 손 대표를 추대하고 선대위원장을 자청하십시오. 그렇게 희생의 모습을 보여주시면 후배님은 큰 사람이 되고 후에 많은 분들의 도움을 받을 수 있습니다. 그것이 당을 살리고 장기적으로 후배님도 사는 방안입니다."

그러한 내 설득이 주효했는지 박 앵커는 이틀 뒤인 월요일 오전에 기자회견을 열어 뜻을 밝히겠다고 약속했다.

나는 우려되는 부분이 있어 다시 한번 당부했다.

"이런 일은 쥐도 새도 모르게 준비해서 발표해야 합니다. 그래야 효과가 크고 점수도 딸 수 있습니다. 나도 모르는 것으로 하겠습니다. 아무에게도 알리지 말고 발표하십시오."

하지만 마지막 약속은 지켜지지 않았다. 월요일 아침 기자회견을 준비하면서 모 의원에게 알려졌고, 그 의원이 반발하면서 당 전체에 퍼졌다. 그러자 여기저기서 말도 안 된다고, 원칙대로 해야 한다고 들고 일어나는 바람에 결국 없던 일이 되고 말았다.

그 바람에 유승민, 안철수 의원은 끝내 화합하는 모습을 보여주지 못했고, 본선에 나선 박종진 후보 또한 3위에 그치는 초라한 성적표를 받아들어야 했다.

…

정치를 일컬어 흔히들 '타협의 기술'이라고 한다. 그만큼 정치 현장에는 갈등과 분쟁이 수시로 발생한다. 거꾸로 얘기하면 갈등과 분쟁을 해결해 가는 과정이 곧 정치다.

하지만 그것은 내적인 문제다. 밖으로 드러나지 않게 안에서 해결해야 한다. 밤을 새우며 다투고 싸우더라도 안에서 해결하고, 국민들께는 해결된 모습과 화합하는 모습을 보여야 한다. 그러지 못하고 서로 다투고 싸우는 볼썽사나운 모습을 드러내면 정치에 대한 혐오와 반감만 불러올 뿐이다. 6·13 지방선거와 국회의원 재보궐선거를 거치며 다시 한번 깨달은 뼈저린 교훈이었다.

당 대표 선거와 의원 본연의 업무

지방선거에서의 참패는 바른미래당의 문제점을 고스란히 드러냈다. 국민의당과 바른정당이 물리적으로 하나가 됐지만 완전한 통합에는 이르지 못했다. 특히 후보자 공천을 둘러싸고 벌어졌던 유승민계와 안철수계의 갈등과 대립은 완전한 통합이 쉽지 않다는 것을 극명하게 보여주었다.

그리고 동시에 바른미래당의 활로도 제시했다. 물리적 결합에 그친 양측을 용광로의 쇳덩이처럼 녹여 완전한 하나로 만드는 것. 바른미래당의 살길은 그것밖에 없었다.

생각이 거기에 미치자 나는 또다시 고민에 빠졌다. 바른미래당의 새 지도부에 대한 고민이었다.

유승민 박주선 공동대표는 지방선거 참패의 책임을 지고 일괄사퇴했고, 새 지도부 구성을 위한 전당대회가 9월 2일로 예정되어 있었다.

자천타천으로 몇몇 의원이 당 대표 경선에 나서고 있지만 바른미래당의 완전한 통합을 이끌 수 있을지 확신이 서지 않았다. 어쩌면 거기에 가장 근접한 사람이 바로 나일지도 모른다는 생각이 들었다. 나는 보수정당 후보로 전주에서 출마해 지역장벽을 깨고 32년 만에 당선되었다. 이념은 바른정당계, 지역은 국민의당계와 궤를 같이하고 있다.

또 국민통합포럼을 만들어 양당 통합의 초석을 놓았고, 지난 선거에서는 양측의 갈등을 해결하기 위해 발 벗고 나섰다. 그 과정에서 많은 의원들이 나의 중재 노력을 인정하고 치하해 주셨다. 그래서인지 내가 적임자라며 경선에 나서라는 주변의 권유도 적지 않았다.

고민 끝에 나는 출마를 결심했다. 초선의원으로서 어렵고 힘든 길이지만 그 길이 내가 가야 할 길이라면 기꺼이 가겠다 다짐하고 당 대표 경선에 본격적으로 뛰어들었다.

・・・

당 대표 선거가 막바지로 치닫던 8월 중순, 선관위에서 전달된 토론회 일정을 확인하던 나는 한 곳에서 시선을 멈췄다. 8월 21일 오후 대구방송에서 주관하는 TV 토론회였다.

21일 오후면…?

나는 핸드폰을 꺼내 일정을 확인했다. 예상은 틀리지 않았다. 21일 오후 국회 예결위와 농해수위 회의가 잇달아 잡혀 있었다.

"이를 어쩐다? 어떻게 한다?…"

나는 한동안 고민에 빠졌다.
당 대표 경선에서 TV 토론의 중요성은 더 말할 필요가 없다. 내 철학이나 정책, 소신 등을 당원과 국민들에게 알릴 수 있는 유일한 기회다. 나처럼 지명도가 낮은 초선의 경우에는 더더욱 절실하다.
하지만…
예결위와 농해수위 회의 또한 중요하기는 마찬가지였다. 예결위에서는 전북의 예산 홀대를 비롯해 원전수출전략지구 조성, 일자리 세계화 등에 대한 집중 질의를 준비했고, 농해수위에서는 쌀 대책 부실과 농촌 태양광 사업에 대해 집중 질의할 계획이었다.
어떻게 해야 하나…
한참을 생각해도 쉬 판단이 서지 않았다. 선관위에서 확정한 일정을 개인적인 이유로 바꿀 수는 없었다. 그렇다고 예결위와 농해수위 일정을 바꾸라고 할 수도 없었다. 몸이 두 개가 아닌 이상 어느 한쪽을 선택할 수밖에 없었다.
고민 끝에 나는 예결위와 농해수위 참석을 선택했다. TV 토론에 불참하면 선거에 영향을 받겠지만 그래도 어쩔 수 없었다. 상임위와 예결위 활동은 국회의원 본연의 업무요, 당 대표 선거는 그다음의 일이기 때문이었다. 개인의 영예보다 국익과 민생을 위한 기본 책무가 더 중요하기 때문이었다.

...

"지금 이 시각 대구방송에서 바른미래당 당 대표 후보자 초청 토론회가 열리고 있습니다. 저도 후보지만 토론회에 불참하고 이 자리에 나왔습니다. 오늘 제가 질의할 내용이 당 대표 선거보다 더 중요하다고 판단했기 때문입니다."

나는 예결위 질의에 앞서 그렇게 입장을 밝혔다. 그런 다음 탈원전 정책의 출구 전략인 차세대 원전수출전략지구 조성, 고용환경 악화에 따른 일자리 세계화 등 현안 해결을 위한 대안을 제시하고 정책에 반영해 줄 것을 촉구했다. 농해수위에서도 마찬가지였다.

당 대표 토론회를 포기하고 나와서 하는 질의였다. 진정성과 절실함이 남다를 수밖에 없었다. 그 진정성이 정부 당국자를 넘어 취재기자들에게도 전달이 됐는지 이튿날 보도에는 내 기사가 넘쳐났다. '역시 정운천!', '정운천 의원, 전대 일정 중에도 빈틈없는 의정활동' 등 모두가 호의적인 기사였다.

천일염을 다시 살려야

소금, 좀 더 정확히 천일염을 생각하면 나는 지금도 만감이 교차한다. 어린 시절을 서해안 바닷가 마을에서 보낸 나는 일찍부터 천일염을 접했다. 집집마다 염전에서 생산된 소금을 두세 포대씩 사다 놓고 썼다. '소금은 바람이 잘 통하는 곳에 오래 보관해 간수를 뺀 다음에 먹어야 좋다'는 것도 그때 벌써 알았다. 그 소금으로 배추를 절이고 장을 담그던 어머니의 모습은 지금도 눈에 선하다.

시간이 지나 그런 천일염이 광물로 분류되어 천대받고 있다는 것을 알았다. 광물이라면 암석이나 유리 같은 무기물질을 가리켰다. 우리 몸에 각종 영양과 미네랄을 공급해주는 천일염이 무기물질인 광물이라니?… 잘못돼도 한참 잘못됐다는 생각에 일종의 분노마저 느꼈다.

우리나라 서남해안은 천일염 생산지로 최적의 조건을 갖추고 있다. 생산되는 천일염의 품질 또한 세계 최고 수준이다. 세계적인 명성의 프랑스 게랑드소금과 비교해도 손색이 없다. 그런데도 가격은 50분의 1, 60분의 1 수준이었다. 천일염을 광물로 취급하고 있으니 당연한 결과였다.

…

이명박 정부에서 초대 농식품부 장관으로 발탁되었을 때 나는 제일 먼저 그 문제를 거론했다. 임명도 되기 전인 국무위원 내정자 워크숍 자리에서였다.

"여기 계신 국무위원님들께 제가 한번 여쭤보겠습니다. 소금이 식품입니까? 광물입니까?"

나는 그렇게 화두를 던졌다. 그런 다음 소금이야말로 모든 음식의 근간이 되는 것으로, 농식품부에서 관장해 기초식품으로 육성해야 한다고 강조했다.

그 후 절차를 거쳐 지식경제부에서 광물로 관리하던 천일염을 농식품부로 이관하여 된장, 간장, 고추장, 김치, 젓갈 등 5대 발효식품과 함께 기초식품으로 적극 육성했다.

그러자 방송에서도 천일염을 새롭게 조명했고, 국민의 인식과 관심도 크게 달라졌다. 그에 힘입어 폐전 위기에 몰렸던 염전이 활기를 띠기 시작했고, 신안군의 신의도와 증도를 중심으로 천일염 산업이 크게 발전했다. 두바이의 칠성급 호텔에서 게랑드 소금 대신 신안의 천일염을 사용할 정도로 국제적으로도 명성을 얻었다.

...

그런 천일염이 근래 들어 다시 몰락 위기에 처해 있다. 해양수산부 자료에 의하면 지난 5년간 천일염의 재고는 2배 이상 늘었고 산지 판매가격은 절반가량 하락했다. 2018년 8월 기준 산지가격은 20kg에 2,435원으로 생산원가인 5,000원 선의 절반도 되지 않는다.

특히 천일염은 중간유통 비용이 많이 들어 생산 어민들이 받는 가격이 소비자 구매가격의 40.6% 밖에 되지 않는다. 농산물(56.2%), 수산물(50.9%) 보다 현저히 낮아 어려움이 가중되고 있다.

상황이 이러한데도 천일염 관련 정부 예산은 5년 사이에 절반 가까이 줄었다. 2014년 155억 원 수준이던 것이 2018년에는 81억 원에 그쳤다. 천일염에 대한 정부의 관심과 의지를 의심하지 않을 수 없다.

...

한국인에게 천일염은 간장, 된장, 고추장, 김치, 젓갈 등 전통발효식품의 원천이 되는 기초식품이다. 천일염의 발전 없이 발효식품의 발전은 기대하기 어렵다.

그런 만큼 천일염에 대한 새로운 관심과 인식이 필요하다. 10년 전 내가 광물로 천대받던 것을 농식품부로 이관해 기초식품으로 발전시켰듯 이제는 식품으로서의 생태계를 발전시켜야 한다.

다행히도 천일염 생산 어민들의 산업 육성 의지는 여전히 높다. 목포대학교 산학협력단에서 실시한 설문조사에 의하면 정부가 전업을 지원하더라도 그대로 남아 천일염을 지키겠다는 응답자가 전체의 36.5%에 달했다.

그러니 정부에서 발 벗고 나서야 한다. 건립 중인 천일염 유통센터를 조기에 완공하고, 천일염 원산지표시제도 가공식품과 음식점까지 확대해야 한다. 아울러 천일염이 얼마나 가치가 있고 국민 건강에 소중한지를 검증하고 알리는 일에도 힘써야 한다.

그러한 노력이 판매 확대로 이어지고, 판매 확대가 다시 노력을 뒷받침하는 선순환 구조가 될 때 천일염 산업은 10년 전의 성장기를 다시 맞을 수 있을 것이다.

농업인을 위한 농업기관이 되어야

농협중앙회, 농어촌공사, 농수산물유통공사, 농정원…
국내에는 크고 작은 농업 관련 기관·단체가 여러 곳 있다. 모두 농업과 농업인을 위한 기관·단체들이다.

지난 30여 년간 농업인의 수는 6분의 1로 감소했다. 2017년말 기준으로 180만 명 수준이다. 반면 농업 관련 기관·단체와 거기에 종사하는 임직원 수는 꾸준히 증가했다. 농협중앙회만 해도 같은 기간에 3배 가까이 늘었다. 농업인의 수는 계속 줄어드는데 기관·단체 종사자 수는 꾸준히 증가하는 표리부동의 상황이 계속되고 있다.

그런데다 이들 기관·단체가 진정으로 농업과 농업인을 위한 조직인가, 하는 의구심이 들기도 한다. 농업인들의 삶은 점점 더 힘들고 팍팍해지는데 이에 대한 관심과 지원은 미미한 반면, 임직원들에 대해서는 막대한 연봉과 혜택을 남발하고 있으니 말이다. 농업인을 위한 기관·단체가 아니라 기관을 위한 기관, 임직원들을 위한 단체라는 지적이 끊이지 않고 있다.

⋯

농협중앙회는 직원들이 주택구입자금을 대출할 때 2.87%의 이자를 보전해 추후 현금으로 지급하고 있다. 지난 2008년부터 이 제도를 운용해 지금까지 4천3백 명의 직원이 혜택을 받았다. 대출이자 보전금액만 10년 동안 393억 원에 달했다.

집값이 천정부지로 치솟고 막대한 대출이자 부담에 국민들은 고통이 큰데 농협이 직원들에게 0%대 '황제대출'을 해 주는 것은 심각한 모럴해저드가 아닐 수 없다. 농민을 위한 대출이자 지원에는 무관심하면서 직원들에게만 과도한 금리지원 혜택을 주는 것은 농민들의 공분을 살 수 있다.

그런가 하면 농협 직원 5명 중 1명은 1억 원 이상의 고액 연봉을 받는 것으로 나타났다. 최근 4년간 2배로 늘었다. 또 지난해 790명에게 명예퇴직금으로 2,024억 원을 지급, 1인당 2억 5,600만 원을 받은 것으로 집계됐다.

반면 농협이 농민 조합원을 위해 쓰는 교육지원 사업비는 2005년 3,390억 원에서 계속 감소해 지난해에는 2,835억 원에 그쳤다. 또 임직원 자녀에게 학자금 지원 명목으로 332억 원을 지급한 데 반해 농어민 자녀 학자금 지원은 29억 원에 불과했다.

농가 수는 급감하고 농업소득은 정체되어 농업인들의 삶이 갈수록 힘들어지고 있다. 그런데도 농업인을 위한 농업인의 조직이라는 농협은 농업인들을 위한 지원보다 '임직원 배불리기'에만 몰두하고 있다.

자세히 들여다보면 농협뿐이 아니다. 정도의 차이가 있을 뿐 대부분의 농업기관·단체가 다 마찬가지다. 농업인을 위한 기관·단체라는 구호가 멀게만 느껴진다.

• • •

농협을 비롯한 농업기관·단체가 임직원들에게 각종 복지 혜택을 제공하는 것이 비난받을 일은 아니다. 문제는 그들의 존립 이유이자 지원 대상인 농업인들에게는 그만큼 관심을 갖지 않는다는 것이다.

농업기관·단체는 일반기업과 다르다. 농업과 농업인을 위해 존재한다. 그런 만큼 농업에 대한 이해와 현실 인식, 정체성 확립이 선행되어야 한다. 그래야 진정으로 농업과 농업인을 위한 기관·단체가 될 수 있다.

이를 위한 현실적인 방안으로 나는 신입사원 입사 시험에 농업 농촌에 관한 과목을 포함시킬 것을 제안했다. 농업기본론이나 농업협동론 등을 포함시켜 농업에 관한 기본소양을 갖추게 해야 한다. 농업과 농업인을 위한 조직이라는 정체성을 입사할 때부터 심어 줘야 한다. 일반기업에 취직하는 것과 똑같이 해서는 일반기업과 다를 게 없다.

나는 국정감사 등을 통해 이러한 방안을 제시하고 적극적으로 검토해 시행할 것을 촉구했다. 다행히 농협중앙회에서 내 의견을 받아들여 도입을 검토하고 있다.

농협을 시작으로 다른 기관·단체로도 확산되어 농업 관련 기관·단체가 진정으로 농업과 농업인을 위한 조직으로 거듭나길 기대한다.

세월호 아픔, 벌써 잊었나?

근래 들어 한국 사회는 세월호 사건 전과 후로 구분된다. 안산 단원고 학생 250명을 포함해 304명의 생명을 앗아간 2014년 4월의 세월호 침몰 사건은 그만큼 우리 사회에 큰 충격을 던졌고, 아직까지도 그 후유증에서 벗어나지 못하고 있다.

그로부터 4년이 지난 2018년 세월호가 침몰한 인천-제주 항로의 운항 재개를 위한 준비가 진행되고 있다. 인천지방해양수산청은 지난 4월 30일 공모를 통해 인천-제주 내항 정기 여객운송사업자를 선정했다. 세월호 사건 전에는 수의계약으로 선정했으나 사건 후 공정성과 투명성 확보를 위해 법까지 제정해 공모방식을 변경한 것이었다.

그런데 선정 과정을 둘러싸고 여러 가지 의혹이 제기되었다. 신규

사업자로 선정된 D사가 특혜를 받았다며 공모에 참여한 업체들이 소송과 청원을 제기한 것이었다.

세월호 사건으로 중단된 인천-제주 항로의 운항 재개를 위한 사업자 선정이었다. 한 점의 의혹도 없이 투명해야 할 선정과정을 두고 소송과 청원이 난무하는 것을 그냥 두고 볼 수 없었다. 나는 관련 자료를 제출받아 면밀히 검토했다.

그런데 보면 볼수록 의혹이 커졌다. 상식적으로 납득하기 어려운 일이 한두 가지가 아니었다. 다른 곳도 아니고 세월호 침몰 사건이 벌어진 바로 그 항로였다. 세월호의 아픔을 벌써 잊은 것인지, 그렇게 강조하던 안전에 우려가 제기되었다. 이대로는 안된다는 판단에서 나는 국정감사를 통해 공개적으로 선정 과정의 의혹을 제기했다.

…

신규 사업자로 선정된 D회사는 입찰 공고가 나기 3개월 전 미리 배를 구매했다. 계약금 96만 불, 연간 임대료 60억 원, 하루 용선료 2,000만 원에 달하는 여객선이었다. 해외 유명 선박 사이트에는 공고가 나기도 전에 인천-제주 항로가 표기된 D회사의 선박이 보였다. 도색까지 마친 상태였다.

사업자로 선정되어도 첫 운항이 2019년 하반기인 만큼 운항 전에 100억 원 이상의 손해를 보는 셈이었다. 선정될 것을 미리 알고 구매한 것이 아니냐는 의혹을 지울 수 없다.

선박의 길이도 문제였다. D회사 선박의 길이는 185m로 제주항 제4부두 44선석의 길이 180m보다 길다. 정박 시 고박에 필요한 앞뒤 여유 길이 10%를 감안할 때 안전사고가 발생할 위험이 있다.

심지어 튀어나온 선수가 제주항 항로에 겹치기까지 해 우려가 더욱 커진다. 실제로 전문가들은 부두에 고정 시 선수미 중심선으로부터 10% 앞으로 나와 45도 각도를 유지해야 안전한 파주력(holding power, 배가 앵커 등으로 고정된 상태에서 그 위치를 유지하는 능력)을 유지할 수 있다고 입을 모은다.

심사 과정도 논란이다. 해양수산부 고시에는 선령 및 해양사고와 관련된 감점 기준이 있다. D회사의 해당 선박은 선령이 1년 9개월로 통상대로 점수를 적용하면 2점이 감점되어야 하는데 실제로는 1점밖에 감점되지 않았다.

아울러 3년간 2번의 해양사고 이력이 있는 모회사 대신 D회사 이름으로 입찰에 참여, 해양사고와 관련된 감점은 1점도 받지 않았다. 입찰 발표에 모회사 대표가 참여하고 D회사와 모회사의 임원진이 서로 교류하는 것을 볼 때 두 회사를 다른 회사로 봐야 하는지도 의문이다. 실제로 D회사는 모회사가 70% 이상의 지분을 가지고 있는 종속회사였다.

감점점수 1~2점을 대수롭지 않게 생각할지 모르나 공모에 참여한 업체별 점수 차이가 1점도 되지 않은 경합이었다는 점을 감안하면 결정적인 요인이라 할 수 있다.

또 공모 1개월 전 D회사 대표가 국토해양부 고위 공직자 출신 J씨라는 점과 인천지방해양수산청 출신 P씨가 D회사 임원으로 재직했다는 점도 의혹을 더욱 확산시키고 있다.

...

　이러한 지적에 대해 김영춘 해수부 장관은 "당시는 항로를 빨리 재개해야 할 필요가 있었고, 절차상 문제가 없다는 보고를 받았다"고 답했다. 해수부 출신이 임원으로 있었다는 내용에 대해서는 "해수부 간부 출신이 있는 상황에서 사업권을 줄 수 없다는 점을 분명히 전달했고, 그래서 사임한 것으로 안다"고 설명했다.
　나는 장관의 안이한 태도를 질타했다. 이렇게 많은 의혹이 제기되고 청원과 소송이 난무하는데 주무장관이 태평하게 문제가 없고 하자가 없다고 하면 누가 용납하겠는가?
　나는 제기된 의혹을 명확히 밝혀야 한다는 판단에서 농해수위 차원의 감사원 감사 청구를 제안했다. 내 제안은 받아들여졌고, 농해수위 차원에서 공식적으로 청구한 감사원 감사가 현재 진행 중이다.
　세월호 사건은 우리 시대의 비극이다. 두 번 다시 그런 일이 반복되어서는 안된다. 그러기 위해서는 모든 것이 공정하고 투명해야 한다. 인천-제주 항로의 사업자 선정 또한 마찬가지다. 다행히 논란이 된 사업자는 사업권을 스스로 반납했다. 새롭게 공모절차가 이뤄졌고, 국정감사에서 문제 지적이 있어서인지 투명한 절차 속에 새 사업자가 선정됐다. 2021년 9월, 7년 4개월 동안 중단되었던 인천-제주 항로가 재개됐다. 세월호의 아픔을 딛고 안전한 항로가 되기를 간절히 원한다.

원전수출전략지구 조성하라!

　우리나라 원전 기술은 세계 최고 수준이다. 한국형 차세대 원전 'APR 1400'은 세계에서 가장 까다로운 미국 원자력규제위원회의 표준설계인증서를 취득했다. 이는 외국기업이 미국 인증을 받은 최초의 일이며 원전 종주국으로부터 기술력과 안전성을 인정받은 것이다.
　여기에 더해 경북 영덕에 건설 예정이었던 천지 1,2호기에는 3.5세대 원전인 'APR+' 기술을 활용하고 있다.
　APR+는 원자로 냉각재펌프, 계측제어설비, 설계핵심코드 등 3대 핵심기술 대부분을 자립화한 기술로 안전성이 APR 1400보다 10배나 우수하다. 또 52개월이던 건설 공기를 36개월로 단축했고, 원전 정지 시 대처 시간을 19시간에서 3일 이상으로 대폭 늘렸다. 안전성과 경제성 모두 'APR 1400'을 뛰어넘어 세계 원전시장을 주도할 차세대 원천기술이다.

이렇듯 우리가 세계 최고의 원전 기술을 확보한 데에는 과거 노무현 대통령의 역할이 컸다. 노 대통령은 우리 원천기술 개발에 가장 적극적인 지도자였다. '뉴클리어 테크놀로지 2015 계획'을 통해 세계 원전시장을 주도할 'APR+' 개발을 직접 지시하고 8년간 총 2,357억 원의 예산을 투입했다. 이러한 노 대통령의 의지와 원전 종사자들의 피땀 어린 노력이 세계 최고의 원천기술 개발로 이어진 것이었다.

...

그런데 이렇게 개발된 세계 최고의 원천기술이 머지않아 사장될 위기에 놓여 있다. 문재인 정부의 탈원전 정책 때문이다.

문재인 정부 출범 후 공사 중단 결정을 내렸던 신고리 원자로 5·6호기는 공론화위원회의 권고에 따라 공사를 재개했다. 하지만 추가로 건설할 예정이었던 경북 영덕의 천지 1·2호기 등은 결국 백지화하고 말았다.

대통령 공약에 집착해 너무 성급하게 판단한 이 결정으로 인해 국내 에너지산업에는 막대한 피해가 예상된다.

정부에서는 대체 에너지로 태양광 등 신재생에너지를 확대하고 있지만, 성과를 장담하기 어렵다. 그동안 우리 정부가 탈원전 정책의 모범으로 삼아온 독일의 경우를 보면 오히려 불안이 가중된다.

독일은 지난 5년간 에너지 전환에 200조 원의 막대한 돈을 쏟아부었지만, 신재생에너지의 간헐성 때문에 석탄 발전 의존도를 줄이지 못했다. 이에 따라 온실가스를 제대로 감축하지 못해 유럽 국가들의 지탄을 받고 있다. 가정용 전기요금도 최고치를 기록하고 있다. 우리나라 또한 독일의 전철을 밟을 가능성을 부인할 수 없다.

원전 수출에도 제동이 걸렸다. 우리는 그동안 세계 최고의 기술과 경험을 바탕으로 UAE를 비롯한 세계 여러 국가에 원전 건설을 수출했다. 1기 건설에 수조 원이 소요되는 원전은 수출증대의 효자상품 노릇을 톡톡히 했다.

하지만 문재인 정부의 탈원전 정책으로 비상이 걸렸다. 정부는 탈원전 정책을 고수하면서 수출을 지원하겠다고 하지만 이는 이율배반적인 행태로 국제사회의 신뢰를 어렵게 한다. 실제로 영국 무어사이드 원전, UAE의 바라카 원전, 사우디아라비아의 원전 수주 등에서 차질이 빚어지고 있다. 정부는 부인하지만, 수출 상대국의 입장에서 생각하면 충분히 납득할 수 있다.

정부의 탈원전 정책은 또 세계 최고의 원전 기술을 무용지물로 만든다. 원전 시공이 없으면 기술자가 사라지고, 기술자가 사라지면 기술 또한 소멸된다. 요즘처럼 급변하는 시대에는 그 기간 또한 얼마 되지 않는다. 5년만 지나도 맥이 끊길 것이다.

그러고 보면 노무현 정부에서 시작된 위대한 노력을, 노무현 정부의 계승을 자처하는 문재인 정부에서 걷어차고 있는 형국이다. 참으로 아이러니한 일이 아닐 수 없다.

∴

　나는 그동안 정부의 탈원전 정책 속에서도 원전산업을 지키고 유지하기 위한 현실적인 대안으로 원전 수출전략지구 조성을 제안했다. 탈원전 정책을 포기할 수 없다면 최소한 아파트 모델하우스 같은 수출전략지구라도 조성해 원전 수출의 교두보로 삼자는 것이었다.
　천지 1·2호기 건설 예정이었던 경북 영덕지구를 원전 수출전략지구로 조성해 운영하면 많은 문제를 동시에 해결할 수 있다.
　먼저 국내 원전의 원천기술에 관한 시설을 조성해 원전 수출국에 보여주면 탈원전 정책으로 인한 불신을 해소하고 경쟁력 강화에도 기여하게 된다.
　또한, 세계 최고의 차세대 원전 기술을 개발하고 보존해 미래의 상황변화에 대비할 수 있다.
　나는 이러한 믿음을 바탕으로 기회 있을 때마다 원전 수출전략지구 조성을 촉구했다. 산자위와 예결위 질의, 산자부 장관 청문회, 국정감사, 기자회견 등을 통해 정부에 수출전략지구 조성을 촉구했다. 바른미래당 최고위원회의를 영덕 현장에서 개최해 피해주민들과 함께 공동 대응을 모색하기도 했다.
　여기에 그치지 않고 이낙연 총리를 비롯한 국무위원과 관련 기관장 55명에게 직접 서한을 보내 탈원전 정책에 대한 재고를 요청했다. 아울러 원전 수출전략지구 조성의 법적 근거를 마련하기 위해 '원자력진흥법 일부개정법률안'을 대표발의했다.

10년 전 광우병 파동을 겪은 당사자로서 탈원전 정책이 제2의 광우병 파동이 되지 않도록 내가 가진 모든 역량을 다 쏟아부어 최선을 다했다. 이러한 나의 노력과 진정성이 정부에 전달되어 진정으로 국가와 국민을 위해 올바른 결정이 내려지기를 기대한다.

쌀 대책, 패러다임을 바꿔야

kg당 2,000원에 사들여 3~4년 보관한 뒤 200원을 받고 공급한다. 그것도 10~20kg이 아니라 40~50만 톤씩이다.

이렇게 얘기하면 누구도 믿지 않을 것이다. 뭔가 잘못 들었거나 잘못 얘기한 거라고 고개를 갸웃거릴 것이다.

하지만 사실이다. 그것도 매년 되풀이된다. 정부에서 시행하는 쌀 대책의 현주소다.

우리나라 국민 1인당 연간 쌀 소비량은 지속적으로 감소했다. 2008년 75.8kg이던 것이 2017년에는 61.8kg으로 18%가 감소했다. 2024년에는 51kg까지 줄어들 것으로 전망된다.

이에 따라 정부가 보관하는 쌀 재고량은 큰 폭으로 증가했다. 2006년 85만 톤에서 2017년에는 186만 톤으로 늘었다. 적정 재고량인 80만 톤의 두 배가 넘는다. 재고관리비용 또한 2016년 2,236억 원, 2017년 3,017억 원으로 눈덩이처럼 불어났다.

 정부는 남아도는 쌀 재고를 줄이기 위해 2016년부터 오래된 쌀을 사료용으로 공급했다. 3년간 총 101만 톤으로, 우리 국민 전체가 4개월 가량 먹을 수 있는 양이었다.

 공급가격은 매입가격의 10분의 1 수준이었다. 지난해에는 2013년산 쌀을 kg당 208원에 공급했는데, 매입단가는 2천191원이었다. 4년 동안 재고관리에 소요된 비용까지 합치면 kg당 적자가 2,500원에 이른다. 막대한 국민 세금이 엉뚱한 곳에서 줄줄 새고 있다. 매년 쌀 대책에만 5조 6,000억 원이 투입되고 있는데 이는 전체 농업예산의 39%에 해당한다.

...

 농식품부 자료에 의하면 1인당 쌀 소비량이 62kg인 지금 적정 재고량을 제외하고 남아도는 물량은 연간 약 50만 톤 수준이다. 재배면적으로 환산하면 8만ha로 농업진흥지역 면적(78만ha)의 10% 수준이다. 앞으로 쌀 소비량이 줄어들면 남는 물량과 면적은 그만큼 더 늘어날 것이다.

 정부는 쌀 생산을 줄여 수급의 균형을 맞추고자 논에 타 작물 재배를 지원하고 있다. 2018년의 경우 1,700억 원을 투입해 벼 재배면적 5만ha 감축을 추진했다. 하지만 소기한 성과는 거두지 못했다. 마땅한 대체 작목을 찾기가 쉽지 않고 타 작물 재배 여건도 미흡해 농업인들의 큰 호응을 받지 못했다.

나는 생산 조정을 위한 근본적인 대책으로 농촌소득원 개발지구 지정을 생각했다. 마을 단위로 농업진흥지역의 10%를 농촌소득원 개발지구로 지정, 벼 재배 대신 마을소득사업에 활용하는 방안이다.

그곳에 다른 작물을 심든, 자운영 등 녹비식물을 가꾸든, 아니면 휴경을 하든 마을에서 자율적으로 결정해 시행토록 하는 것이다. 정부에서 일률적으로 타 작물 재배를 강요하는 대신 마을 실정에 맞는 소득사업을 스스로 선택해 추진하도록 하는 것이다. 단, 타 작물 재배 시 지급하는 보조금은 그대로 지급해야 한다. 그래야 적극적인 참여를 유도할 수 있다.

・・・

마을소득사업에는 여러 가지가 있을 수 있다. 공동으로 다른 작물을 재배할 수도 있고, 시설을 갖춰 팜파티나 체험농장으로 활용할 수도 있다. 여의치 않으면 휴경을 통해 지력 증진을 도모할 수도 있다.

내가 추천하는 마을소득사업은 마을 단위 태양농사 모델이다. 신재생에너지 확대와 농가의 안정적인 소득원 확보를 위해 2017년부터 시행하고 있는 태양광 농가발전소 사업을 마을 단위로 확장하자는 것이다.

이 사업을 농촌소득원 개발지구의 마을소득사업으로 연계, 생산조정을 통해 쌀 과잉 문제까지 해결한다면 그야말로 금상첨화가 아닐 수 없다.

하나 더하기 하나는 둘이 아니라 셋이 되고 넷이 되는 시너지효과가 쌀 대책과 태양광 농사의 연계에서 실현될 수 있기를 기대하며, 그렇게 될 수 있도록 나 또한 모든 노력을 다할 것이다.

마을 단위 태양농사 모델

지난 2016년 국회 등원 후 나는 태양광 전도사로 나섰다. 정부에서 신재생에너지 확대를 위해 추진하고 있는 태양광 발전을 농업과 연계시켜 농가의 안정적 소득원으로 만들기 위해서였다.

태양광 사업은 농촌지역을 중심으로 이미 여러 해 전부터 시행되고 있다. 하지만 대부분 외지인이나 외지업체에 의해 추진되어 지역에는 아무런 도움이 되지 못하고 오히려 주민들과의 충돌과 분쟁으로 민원의 대상이 되고 있다.

나는 이러한 문제를 해결함과 동시에 태양광 발전을 농가 소득원으로 만들기 위해 농민이 주도하는 태양광 농가발전소 운영 방안을 마련, 산자위 질의와 국정감사 등을 통해 정부에 제안하고 정책으로 채택해 추진할 것을 요청했다.

정부에서는 내 제안을 받아들여 2020년까지 태양광 농가발전소 1만 호를 보급하는 시범사업을 확정, 2017년부터 시행하고 있다.

하지만 지난 2년간의 추진실적은 기대에 미치지 못했다. 2019년 8월까지 총 2,347농가가 참여, 목표로 한 6천 농가의 39%에 그쳤다. 정책에 대한 홍보 부족과 농업인들의 이해 부족이 주원인이었다.

나는 정책홍보 강화 등 정부의 대응책 마련을 촉구하는 한편, 어떻게 하면 더 효율적으로 추진할 수 있을지 끊임없이 고민했다. 그 결과 정책 대상을 마을 단위로 확장하는 마을 단위 태양농사 모델을 개발하게 되었다.

…

대부분의 사업이 그렇듯 농촌 태양광 사업도 개별 농가에서 마을 단위로 대상을 규모화하면 여러 가지 시너지효과를 거둘 수 있다. 정부의 정책 지원을 집중할 수 있고, 설치 비용이 저렴하고, 설치 후 운영관리도 용이하다. 여기저기 우후죽순으로 들어서는 데 따른 난개발과 경관 훼손도 막을 수 있다. 이러한 이점을 살려 농가 중심의 정책을 마을 단위로 규모화하자는 것이 마을 단위 태양농사 모델의 주요 골자다.

기본모델은 24농가를 기준으로 한다. 한 마을에서 20농가가 400평씩 출자하고 4가구는 청년농에게 할당한다. 그렇게 24농가가 9,600평을 출자하면 총 2400kw의 태양광 시설을 설치할 수 있다.

시설 설치에는 농가당 1억 3,000만 원의 비용이 소요되는데 80%는 장기저리의 정책자금을 융자지원하고 나머지 20%는 농협의 지분 투자로 확보한다. 설치 및 운영에 따른 제반 관리는 농협과 에너지공단에서 제공한다.

여기서 생산된 전력을 한전에 판매하면 농가당 월 200만 원의 순수익을 올릴 수 있다. 같은 면적에 농작물을 재배해 얻을 수 있는 수익의 5~6배가 된다. 이러한 기반 위에서 농업을 영위하면 농촌에도 새로운 희망이 생길 수 있다.

...

마을 단위 태양농사 모델은 우리 농촌이 안고 있는 또 하나의 심각한 문제를 해결할 수 있다. 청년농 육성을 통한 고령화 극복이 그것이다. 기본모델의 24농가 중 4가구를 청년농에게 할당한 것이 바로 그 때문이다.

태양농사 모델에 참여해 연중 안정적인 소득 확보가 가능하다면 귀농이나 후계농을 원하는 청년들이 있을 것이다. 계획대로 마을당 4농가씩 7,200개 마을에 청년농을 육성하면 전국적으로 28,800농가가 된다. 이들을 대상으로 정책을 집중하면 우리 농업 농촌의 미래 세대로 육성할 수 있을 것이다. 신재생에너지 확대와 농가소득 증대라는 기존의 목표 외에 청년농 양성까지 가능하다.

그뿐이 아니다. 앞 장에서 언급한 것처럼 쌀 대책으로 제안한 농촌소득원 개발지구와 연계하면 남아도는 쌀 문제까지 해결할 수 있다. 일석2조, 3조를 넘어 일석5조, 6조까지 가능하다.

이를 위해서는 해결해야 할 과제가 있다. 산업자원부, 농식품부, 지자체, 농협, 한전, 한국에너지공단 등 관련 기관과 단체의 적극적 참여와 유기적 협조가 있어야 한다. 특히 농식품부의 경우 쌀 대책과도 연계해 농업진흥지역의 활용이 가능하도록 필요한 조치를 해야 한다.

이렇듯 마을 단위 태양농사 모델은 신재생에너지 확대와 농가소득 증대라는 기존의 목적 외에 청년 후계농 양성과 쌀 문제 해결 등 우리 농업 농촌이 직면한 현안들을 동시에 해결할 수 있다. 전국의 농업인과 관련 기관·단체가 뜻과 힘을 모아 우리 농업의 새로운 활로로 적극 추진해 나가야 한다.

농어촌 상생에 대기업이 적극 나서야

우리나라를 흔히 수출로 먹고사는 나라라고 한다. 수출 의존도가 그만큼 크다는 얘기다. 수출과 수입은 정부 정책에 따라 많은 것이 달라지고, 그 영향은 산업에 따라 다르게 나타난다. 무역을 자유화하면 큰 이익을 보는 산업이 있는 반면 엄청난 피해를 보는 산업도 있다.

한미FTA 때부터 관세 철폐 등으로 수출 비중이 큰 대기업은 많은 이익을 봤지만, 경쟁력이 약한 농업 분야는 엄청난 피해를 입었다. 이를 보완하기 위해 논의된 것이 무역이득공유제다. 자유무역협정(FTA)을 통해 이득을 본 기업이 자금을 출연해 농어업 등 피해를 입은 산업을 보상·지원하자는 취지의 법안으로, 2012년 국회 농해수위 의원들이 발의했지만 재계의 반발로 실현되지 못했다.

그 후 2015년 한중FTA 비준을 계기로 같은 문제가 다시 제기되었고, 국회와 정부는 도농격차 완화와 사회통합 차원에서 민간기업과 공기업이 출연해 기금을 조성하자는 데 합의했다. 이것이 바로 농어촌 상생협력기금이다. 매년 1,000억 원씩 10년간 총 1조 원의 기금을 조성, 농어업과의 상생협력 및 지원사업을 수행하기로 약속했다.

…

합의에 따라 2017년 운영위원회와 운영본부를 설치하고 기금 조성에 착수했다. 하지만 지난 3년간 조성된 기금은 총 780억 원(2017년 310억 원, 2018년 232억 원, 2019년 238억 원)으로 목표액의 26%에 불과하다. 조성된 기금도 대부분 공기업에서 부담했고, 대기업의 출연은 거의 없는 실정이다.

나는 국정감사 기간에 대기업 임원들을 초청해 농해수위 의원들과 간담회를 개최, 상생협력기금의 취지와 필요성을 설명하고 적극적으로 참여해 줄 것을 요청했다. 아울러 솔선수범하는 차원에서 바른미래당 의원 및 당직자들을 대상으로 모금운동을 전개, 일주일 만에 1,220만 원을 모아 기부했다.

이러한 나의 노력에 대해 일부 언론에서는 '국회가 재계의 팔을 비튼다'며 최순실 국정농단 사태와 비교하기도 했다.

이는 사실관계조차 제대로 파악하지 못한 잘못된 보도다. 농어촌 상생협력기금은 FTA 등으로 인한 무역이득을 공유하자는 차원에서

여·야·정 협의체가 합의해 적법한 절차를 거쳐 만든 법의 일환이다. FTA로 막대한 피해를 입게 된 농업계를 설득하고 배려하는 차원에서 전경련을 비롯한 재계에서 합의해 만들어졌다. 최순실 국정농단 사태와는 근본적으로 다르다. 간담회에 참석한 대기업 임원들도 이러한 점에 공감을 표시하고 기금 출연 계획을 마련하겠다고 약속했다.

...

하지만 2019년 기금 출연 실적은 더 저조했다. 총 238억 원에 그쳤다. 목표액의 23.8%에 불과하다.

이래서는 안 된다는 판단하에 나는 'FTA 특별법 개정안'을 대표발의했다. 정부가 직접 상생협력기금을 출연할 수 있도록 법적 근거를 마련하고, 조성액이 부족할 경우 정부가 충당에 필요한 조치를 할 수 있도록 했다. 상생협력기금의 정상적인 조성과 운영을 위해 정부가 앞장서라는 것이었다.

노벨경제학상을 수상한 J. R. 힉스는 '손해를 본 자가 이익을 본 자로부터 손실을 보상받는 것이 타당하다'는 '보상원칙'을 강조했다. FTA로 막대한 피해를 본 농어업과 농어촌이 큰 이득을 본 대기업들로부터 지원을 받는 것은 이 '보상원칙'에 해당된다.

우리 대기업들도 이러한 원칙을 견지하면서 도농 간의 격차 해소를 위해 기금 조성에 적극적으로 동참해 줄 것을 다시 한번 요청한다. 갈수록 어려워지는 우리 농어업과 농어촌에 절실하게 필요한 것이 대기업과의 상생협력이기 때문이다.

상산고를 지켜라

2019년 3월 15일, 정세균 전 국회의장을 비롯한 전북 출신 의원들이 한자리에 모였다. 친목을 다지는 정기적인 모임의 자리였지만 그날의 화두는 단연 상산고였다. 5년마다 이루어지는 자율형 사립고(이하 자사고) 평가에서 김승환 교육감이 평가기준을 무리하게 설정해 상산고의 자사고 지정이 취소될 수도 있다는 것이었다.

자사고는 2010년 이명박 정부 당시 학생들에게 다양한 교육 환경을 제공할 목적으로 추진되었다. 자사고로 지정이 되면 정부의 지원을 받지 않는 대신 교육과정과 수업 일수 조정, 무학년제 운영 등을 자율적으로 결정할 수 있다. 2014년 기준으로 전국 49개 고등학교가 자사고로 지정되어 있고, 5년 단위로 평가를 받아 재지정, 또는 지정 취소를 결정하고 있다.

물론 자사고에 대한 반대의 목소리도 있다. 자사고를 통해 입시 명문고가 부활하고, 이는 곧 교육 평준화 정책을 흔들고 교육기회의 불평등을 심화시킨다는 지적이다.

하지만 상산고의 경우는 다르다.『수학의 정석』의 저자로 널리 알려진 홍성대 이사장이 사재를 털어 설립하고 후학 양성에 힘써 지난 20년 동안 모범적인 인재 양성의 산실이 되었다. 그 결과 입학생의 85%가 타 시도에서 영입되는 등 전국에서 인정받는 명문고가 되었으며, 전북의 미래로 각광받고 있다. 그런 상산고가 자사고 재지정에서 탈락될 수 있다는 것이었다.

"내가 교육위원장으로 김승환 교육감을 접해 봤는데 상대할 사람이 못 됩니다. 독불장군이에요. 얘기가 안 됩니다."

의원들의 의견을 모아 전달하자는 얘기가 나오자 유성엽 의원이 고개를 절레절레 흔들었다. 말이 통하지 않으니 긁어 부스럼 만들지 말자는 것이었다.

하지만 나는 생각이 달랐다. 상산고는 전주, 아니 전북의 자부심이다. 그대로 내버려둘 수는 없다. 더구나 상산고는 내 지역구인 완산구 효자동에 위치하고 있다.

"상산고가 제 지역구에 있으니 위임을 해 주시면 제가 나서서 대응을 하겠습니다."

나는 그렇게 동의를 구하고 위임을 받았다.

・・・

그때부터 며칠 동안 나는 상산고와 자사고 평가에 관한 각종 자료를 찾아 면밀히 검토했다. 그런데 검토하면 할수록 전북교육청의 독단이 두드러졌다.

먼저 자사고를 평가하는 전국 11개 시도 교육청의 지정 취소 커트라인은 70점이었다. 교육부에서 권고한 커트라인도 70점이었다. 그런데 유독 전북만 80점이었다. 평가점수 80점은 31개 평가지표에서 평균 '우수' 등급을 받고 감점도 없어야 받을 수 있는 점수였다.

그런데다 평가항목 중 사회통합전형 대상자와 관련한 지표는 초·중등 교육법 시행령 5조에 경과조치를 두고 있어 평가항목에 넣지 않아도 된다. 그런데도 '법률에서 보장한 권리와 평가는 별개의 문제'라며, 상산고에 불리한 지표를 굳이 평가항목에 넣어 점수를 매기는 것이었다. '자사고 지정 취소'라는 결론을 정해 놓고 평가기준을 만든 것으로밖에 판단되지 않았다.

이래서는 안 된다는 생각이 들었다. 지정 취소냐 아니냐는 두 번째 문제였다. 형평성에 맞게 제대로 평가받도록 하는 것이 첫 번째였다.

나는 이러한 문제를 제기하고 뜻을 같이하는 여야의원 20명과 함께 성명을 발표했다. "전북교육청이 원칙이라는 독단을 내세워 사실상 자사고 죽이기를 감행하고 있다"고 목소리를 높였다.

그리고 다음 날인 3월 21일, 이러한 뜻을 직접 전달하기 위해 김승환 교육감과 면담을 약속하고 전주로 향했다. 시간에 맞춰 고속도로를 달리고 있는데 연락이 왔다. 만나지 않겠다는 것이었다. '성명서 발표하고 와서 똑같은 얘기를 할 건데 왜 만나냐?'며 면담을 거절한다는 것이었다.

정말 어이가 없었다. 의원 한명 한명을 헌법기관이라고 하니 헌법기관 20명과 약속한 것인데 어떻게 교육감 마음대로 만나니 마니 할 수 있단 말인가?

나는 그대로 내려가 교육감실로 향했다. 하지만 교육감은 문을 닫고 열어 주지 않았다. 세상에 이런 불통이 어디 있단 말인가? 이런 불통 교육감이 또 어디 있단 말인가? 나는 그 길로 기자실을 찾았다. 급하게 기자회견을 열어 그러한 사실을 알리고 평가기준점수를 타 시도와 동일하게 조정할 것과 사회통합전형 대상자 관련 지표를 자율조항으로 수정할 것을 강력히 촉구했다.

...

그로부터 3개월 뒤인 6월 19일, 전북교육청은 결국 상산고의 자사고 지정 취소를 발표했다. 평가 결과 79.61점으로 기준점수인 80점에 미치지 못해 지정 취소 결정을 내렸다는 것이었다. 70점대를 받은 전국의 다른 자사고들은 재지정 되었는데, 79.61점을 받은 상산고는 지정이 취소되는 어처구니없는 상황이 벌어진 것이었다. 재지정 평가는 결국 요식행위에 불과했다.

　전북교육청의 발표에 대해 상산고와 학부모, 총동문회 등에서 결과를 납득할 수 없다며 강력하게 반발했다. 나도 발표 다음 날인 20일 국회에서 기자회견을 갖고 '김승환 교육감이 교육 독재 공화국을 만들려 한다'고 맹비난했다.

　동시에 나는 취소 결정을 되돌리기 위한 방안을 찾았다. 다행히 취소 결정이 확정되기까지 한 단계 과정이 남아 있었다. 교육부의 동의 절차였다. 전북교육청의 지정 취소에 대해 교육부가 동의를 하면 확정이 되지만 동의하지 않으면 효력이 상실되는 것이었다.

　나는 교육부의 부동의를 이끌어내 지정 취소의 잘못을 바로잡아야 한다고 판단, 곧바로 행동에 나섰다.

　먼저 기자회견을 통해 전북교육청의 지정 취소 철회를 촉구하는 한편, 교육부의 부동의를 요청했다. 그리고 동료 의원들을 상대로 서명작업에 착수했다. 국민을 대표하는 국회의원들의 적극적인 지지로 교육부의 부동의를 이끌어내겠다는 판단이었다.

　나는 의원 한명 한명을 찾아가 전북교육청의 독단과 부당한 평가를 알리고 국회 차원의 대응을 위해 뜻을 모아 달라고 요청했다. 많은 의원들이 우려를 표명하며 서명을 해 주었고, 그 결과 전체 의원 300명의 과반이 넘는 151명의 서명을 받을 수 있었다.

　나는 151명의 의원이 연서한 요구서를 유은혜 교육부총리에게 전달하며 교육부가 부동의를 통해 전북교육청의 잘못된 결정을 바로잡아 달라고 강력히 요청했다.

∴

    7월 26일 교육부는 전북교육청이 요청한 상산고의 자사고 지정 취소에 대해 동의하지 않는다고 발표했다. 박백범 차관은 "전북교육청의 사회통합전형 선발 비율 지표가 재량권을 일탈 또는 남용한 것으로 위법하고 평가 적정성도 부족하다 판단해 동의하지 않기로 결정했다"고 설명했다. 국회의원 151명의 서명을 받아 제출한 내 요구를 수용한 것이었다. 이로써 상산고는 전북교육청의 지정 취소 결정에도 불구하고 기존의 자사고 지위를 그대로 유지하게 되었다.

    나는 비로소 안도의 한숨을 내쉬었다. 전북도민·전주시민과 함께 상산고를 지켜냈다는 사실이 한없이 기뻤다. 시민들과 상산고 학생, 학부모들도 전화와 문자메시지로 감사의 뜻을 전해 왔다.

    언론에서도 그런 나의 노력을 인정하고 격려해 주었다. 전북도민일보에서는 〈정운천 '행동하는 양심'이 상산고 자사고 폐지 지켜냈다〉는 제목의 긴 기사를 통해 그동안의 내 노력을 소개하고 의미를 부여했다. 부끄럽기는 하지만 그동안의 과정을 비교적 소상하게 설명하고 있어 기사 중 일부를 인용한다.

    전주 상산고 자사고 폐지 결정 이후 정 의원이 보여준 행보는 과거 김대중 대통령의 '행동하는 양심'으로 비유될 정도로 정치권에서 평가를 받고 있다.

    전북교육청이 전주 상산고 자사고 폐지를 결정하자 정 의원은 말이 아닌 행동으로 상산고 문제의 부당함을 밝혀 나갔다.

전북교육청이 전국 다른 시·도보다 유독 홀로 10점 높은 80점을 자사고 기준점수로 제시하고, 상산고의 평가점수를 이보다 불과 0.39점 미달하는 79.61점으로 맞춰 지정취소한 결정의 부당함을 알려나갔다.

정 의원은 특히 '전북도교육청의 사회통합전형 선발 비율 지표가 재량권을 일탈 또는 남용한 것이다'며 상산고 자사고 지정취소 철회를 요구하는 기자회견을 국회 정론관에서 다섯 차례나 여는 등 초인적인 힘을 발휘했다.

그럼에도 불구하고 김 교육감이 지정취소 동의 신청을 강행하자, 동료 의원 151명의 연서를 받아 유은혜 교육부총리에게 전달하며 부동의 결정을 압박했다.

정치권 관계자는 "정 의원의 맹활약에 전북 민심이 들끓고 야당의원들 뿐만 아니라 여당의원들까지 연서에 가세하면서 결국 부담을 느낀 교육부가 민심 앞에 무릎을 꿇었다"며 "국회 재적의원 과반이 '부동의 결정'을 요구한 것은 정권에 큰 부담으로 작용했을 것"이라고 분석했다.

전북 문제를 두고 국회의원 151명이 서명한 것은 헌정사상 처음 있는 일로 정 의원이 상산고를 살리기 위해 얼마나 힘든 투쟁을 했는지를 단적으로 보여준 대목이다.

새만금의 미래

2018년 6월 12일. 전 세계의 눈과 귀가 싱가포르로 쏠렸다. 트럼프와 김정은의 만남 때문이었다. 70년간 적대관계로 대립해 온 북한과 미국의 역사적인 북미정상회담. 온 국민이 TV를 지켜보며 한반도의 봄을 기대했다.

나 또한 마찬가지였다. 북미 비핵화협상이 원활히 추진되어 한반도의 영구적 평화가 정착되기를 간절히 염원했다.

그리고 나는 또 다른 측면에서 싱가포르, 아니 회담이 열린 마리나베이샌즈를 주목했다.

2010년 완공되어 싱가포르의 랜드마크로 자리 잡은 마리나베이샌즈 리조트. 호텔로 유명하지만 프리미엄 쇼핑몰, 카지노, 컨벤션센터 등 다양한 콘텐츠를 한 공간에서 즐길 수 있는 복합 리조트다.

마리나베이샌즈 리조트가 문을 연 뒤 싱가포르의 MICE (Meeting, Incentives, Conference, Exhibitions) 산업은 승승장구하고 있다. 세계 1위의 국제회의 개최도시 자리를 차지했고, 트럼프와 김정은의 역사적인 회담도 유치했다. 2017년 기준으로 싱가포르를 찾은 외국인 관광객이 1700만 명을 넘어서 리조트 개장 전인 2009년에 비해 77%나 증가했다.

관광객 증가는 일자리 창출로 이어졌다. 마리나베이샌즈는 1만 명의 직원을 직접 고용하고 있으며, 쇼핑몰 입점 업체들이 고용한 인력까지 더하면 1만 3천여 개의 일자리를 제공하고 있다.

•••

마리나베이샌즈의 눈부신 발전을 지켜보면서 나는 새만금을 생각한다.

새만금은 세계 최장의 방조제다. 지정학적으로도 동북아의 요충지에 위치하고 있다. 무엇보다 세계 최대의 상권인 중국이 인접해 있다. 중국의 북경과 상해에서 싱가포르까지는 1천km, 2천km를 가야 하지만 새만금은 500km에 불과하다.

그런 만큼 새만금에 특색 있는 복합리조트를 건설하고 관광 인프라를 구축하면 우리도 마리나베이샌즈의 기적을 연출할 수 있다. 바다를 메워 만든 새만금이 싱가포르를 뛰어넘는 MICE 산업의 메카가 될 수 있다.

새만금에 복합리조트 건설을 얘기하면 반대론자들은 카지노 문제를 거론한다. 국민들에게 부정적인 영향을 끼친다며 반대 입장을 굽히지 않는다.

하지만 카지노 또한 운영의 문제다. 리콴유 전 싱가포르 총리는 "내 눈에 흙이 들어가도 카지노는 안된다"는 카지노 반대론자였다. 하지만 제조업 침체와 관광산업 부진으로 싱가포르 경제가 위기에 빠지자 카지노를 포함한 복합리조트 건설을 추진했다.

하지만 우려와 달리 싱가포르의 도박률은 카지노 오픈 이후 오히려 떨어졌다. 제도적 장치 때문이다. 싱가포르는 카지노를 건설하면서 내국인들의 출입을 최소화할 수 있는 제도적 장치를 마련했다. 입장료를 100달러로 높게 책정하고 한 달에 한 번 정도로 출입 횟수를 제한했다. 그러자 도박률이 오히려 떨어졌다.

새만금을 마리나베이샌즈처럼 MICE 산업의 메카로 만들기 위해서는 카지노가 함께 건설되어야 한다. 그렇지 않고는 외국인 유치 경쟁에서 밀릴 수밖에 없다. 하지만 환경론자들이 반대하고 일부 정치권에서 동조하면서 복합리조트 건설은 힘을 잃고 있다.

나는 송하진 전북지사에게 제안했다. 카지노 반대론자들을 포함해 전북의 오피니언 리더들을 싱가포르로 보내 직접 살펴보게 하라고. 그러면 생각이 달라질 것이라고.

2025년이면 강원랜드에 카지노 독점권을 준 폐광지역특별법이 종료된다. 거기에 맞춰 새만금에 MICE 산업을 육성해야 한다. 복합리조트에 필요한 모든 시설을 갖추고, 카지노도 설치해야 한다. 다만 앞에서 언급한 것처럼 내국인에 대한 제도적 장치도 함께 마련해야 한다.

∴

2019년 1월, 새만금공항 건설이 예타면제사업으로 선정되어 본격 추진에 돌입했다.

하지만 문제는 역시 수요다. 수요가 있어야 공항이 제대로 돌아간다. 인근의 무안공항도 적자투성이인데 새만금공항을 건설한다고 수요가 저절로 생길 리 없다. 그리고 승객 수요만으로는 한계가 있을 수밖에 없다.

그래서 나는 오래전부터 항공우주산업 육성을 제안했다. 항공기 정비산업, 민수용 항공기 제작공장 등을 유치해 승객 수요뿐 아니라 산업 수요를 활성화해야 새만금공항이 제대로 운영될 수 있다.

또 하나 제안하고 싶은 것이 사료공장이다. 현재 국내로 들어오는 사료원료는 1,600만 톤 규모로 여러 항을 통해 수입된다. 새만금에 대단위 사료공장을 건설해 노후화된 사료공장을 대체하고, 사료원료를 새만금항으로 집중하면 물류비가 훨씬 줄어들 것이다. 그리고 이를 다시 중국으로 역수출하면 경쟁력도 한층 강화될 것이다. 이러한 산업을 통해 새만금을 다각적으로 발전시킬 수 있다.

∴

새만금은 전북을 넘어 대한민국의 희망이자 미래다. 새만금 예산이 처음으로 1조 원을 돌파하고 내부개발이 본격적으로 추진되는 지금 새만금의 중장기적 발전을 위한 '한국형 마리나베이샌즈 건설'을 적극 추진해야 한다. 전라북도와 군산시, 그리고 전북의 정치권 모두가 새만금을 호주 시드니의 달링하버나 싱가포르의 마리나베이샌즈와 같은 국제적 해양레저관광산업의 중심지로 도약시키는 데 힘을 모아야 한다. 아울러 항공우주산업 육성과 사료산업 육성 등 새만금공항과 새만금항의 운영 활성화를 위한 사업도 다각도로 검토해야 한다.

세계인의 사랑을 받는 랜드마크. 세계 각국의 정상들이 새만금 국제공항을 통해 입국하고 새만금 복합리조트를 배경으로 기념촬영을 하는 그날을 기대한다.

4장

보수 대통합

패스트트랙의 회오리

 2019년 4월 29일 밤, 이날은 한국 정치사에서 악몽의 밤으로 기억될 것이다. 20대 국회를 반목과 대치의 동물국회로 만든 패스트트랙이 의결된 날이기 때문이다.
 패스트트랙은 법안의 신속한 처리를 위해 2015년에 도입된 제도로 패스트트랙 안건으로 지정이 되면 상임위에서는 180일, 법사위에서는 90일 이내에 심의를 마쳐야 한다. 그렇지 못하고 330일을 넘길 경우 자동으로 본회의에 상정된다.
 집권여당인 더불어민주당에서는 문재인 정부 출범 이래 공수처 설치 및 검경수사권 조정을 골자로 하는 사법개혁법안과 연동형 비례대표제 도입을 주요 내용으로 하는 공직선거법 개정을 추진해 왔다. 하지만 제1야당인 자유한국당의 반대에 부딪혀 아무런 진전을 이루지 못했다. 그러자 소수야당인 바른미래당과 정의당을 끌어들여 패스트트랙 지정을 추진했다. 어떻게든 법안을 통과시키겠다며 밀어붙인 것이었다. 이에 자유한국당에서 물리력까지 동원해 막아섰지만 이날 밤 기어이 양대 특위를 열어 가결시킨 것이었다. 20대 국회가 끝날 때까지 사사건건 부딪치고 대치해 역대 최악의 국회라는 오명을 뒤집어쓴 시발점이 되었다.

더구나 우리 바른미래당이 대립과 분열의 도화선이 되었다. 패스트트랙 추인 문제를 놓고 대립한 것을 시작으로 계파 갈등이 표면화되어 일 년 내내 이어졌고, 결국 연말의 분당 사태로 귀결되었다. 그러니 이날 밤의 패스트트랙 가결은 한국 정치사는 물론 우리 바른미래당의 역사에 있어서는 지울 수 없는 악몽의 밤이 되었다.

...

이보다 일주일 앞선 4월 23일, 바른미래당에서는 패스트트랙 추인 문제를 놓고 의원총회를 열었다. 추인에 찬성하는 당권파와 반대하는 비당권파가 팽팽히 맞섰고, 표결에 부친 결과 12대 11로 추인 찬성이 결정되었다.

그러자 '게임의 룰인 선거법을 여야 합의 없이 처리하는 것은 있을 수 없다'며 바른정당계 유승민 전 대표가 반발했고, 이언주 의원은 탈당을 선언했다. 또 사개특위 위원인 오신환, 권은희 의원은 공수처법에 대해 반대와 중립 입장을 표명했다.

이에 김관영 원내대표는 둘 중 한 명이라도 반대하면 패스트트랙이 좌초될 것을 염려해 오신환 의원을 채이배 의원으로, 권은희 의원을 임재훈 의원으로 교체해 패스트트랙을 가결시켰다. 이를 계기로 당권파와 비당권파, 즉 국민의당계와 바른정당계의 갈등과 대립이 갈수록 격화되었고, 9월에는 손학규 대표의 퇴진을 요구하는 상황에까지 이르렀다.

그러자 당 지도부에서는 비하 발언을 이유로 퇴진을 요구한 하태경 의원에 대해 징계를 결정했고, 이에 반발한 비당권파 의원 15명이 따로 모여 '변화와 혁신을 위한 비상행동'을 결성했다. 바른정당과 국민의당 통합으로 탄생한 바른미래당이 창당 2년 만에 다시 분당의 길로 들어선 것이었다.

...

양당의 통합을 통해 바른미래당 창당을 주도했던 나는 일련의 사태를 지켜보면서 안타까운 마음을 금할 수 없었다. 양 계파의 중재자 역할을 자임하며 어떻게든 분열을 막아보려 최선을 다했지만 소용이 없었다. 역부족이었다.

계파정치의 한계를 절감한 나는 한동안 당의 일에는 관여하지 않았다. 한 발 뒤로 물러나 오로지 전북 발전을 위한 일에만 전념했다. 20대 국회에서 4년 연속 예결위원이 되어 전북의 예산을 챙기고, 전북 발전과 농업 발전을 위한 입법 활동에 매진했다.

21대 총선을 앞둔 상황이라 그런 나를 두고 언론에서 이런저런 얘기가 나왔다. 하지만 나는 신경쓰지 않았다. 당보다 중요한 것이 전북 발전, 농업 발전을 위해 헌신하는 것이었다. 그것만 할 수 있다면 당을 떠나 무소속으로도 활동할 수 있다는 것이 당시의 솔직한 심정이었다. 그만큼 나는 바른미래당의 계파 정치에 실망과 한계를 느끼고 있었다.

지역주의 타파,
석패율제가 대안이다

2016년 4월, 20대 총선이 끝나고 열흘 뒤 동아일보 회의실에서 열렸던 당선자 4인의 좌담회를 나는 지금도 기억한다. 대구의 김부겸, 부산의 김영춘, 전남의 이정현, 그리고 전북의 정운천. 해당 지역에서 지역장벽을 뚫고 당선된 화제의 인물들로, 지역주의 타파에 대해 의견을 나눈 자리였다.

다들 한목소리로 지난날의 어려움을 토로했고, 나 또한 마찬가지였다. 2010년 전북지사 선거, 2012년 19대 총선에서 연거푸 낙선하며 지역주의의 높은 벽을 실감했다. 그래도 굴하지 않고 세 번째 도전해 결국 그 벽을 넘었지만, 돌아보면 정말로 형극의 길이었다. 또다시 그 길을 가라 하면 고개를 절레절레 흔들지도 모른다. 다른 세 분 또한 같은 의견을 토로했다.

그렇게 물꼬는 텄지만 몇 명의 특정한 사람에 의해서 이루어지는 지역주의 타파는 한계가 있을 수밖에 없다. 사람은 바뀔 수 있고, 그렇게 되면 다시 원점으로 돌아가기 때문이다.

그런 만큼 지역주의 타파를 되돌릴 수 없는 불가역적인 것으로 만들기 위해서는 제도화가 필요하다. 사람이 바뀌고 상황이 달라져도 영남에서 진보당 의원이, 호남에서 보수당 의원이 나올 수 있는 제도적 장치를 만들어 정착시켜야 한다.

...

지금 우리의 국회의원 선거제도는 소선거구제다. 하나의 선거구에서 1명의 의원을 선출하는 방식으로 30년 넘게 이어 왔다. 그 결과 영남은 보수정당, 호남은 진보정당이라는 선거등식이 생겨났고, 특정 지역에서 특정 정당이 의석을 싹쓸이하는 구태가 반복됐다.

이러한 승자독식의 소선거구제는 지역주의와 결부되어 영호남의 화합과 국민통합에 걸림돌이 되었고, 정당정치와 의회정치의 정상적인 작동을 어렵게 만드는 요인이 되었다.

그런 만큼 고질적인 지역주의를 타파하기 위해서는 어떤 식으로든 지금의 소선거구제를 보완하거나 개편해야 한다.

나는 정치에 입문한 2010년부터 지금까지 지역주의 극복과 동서통합의 제도적 정착을 위해 석패율제 도입을 주창했고, 이의 실현을 위해 많은 노력을 기울여 왔다.

석패율제는 특정 정당이 취약한 지역에 몇 명의 후보를 지역구 후보와 비례대표 후보로 동시에 올려 지역구 선거에서 아깝게 낙선하면 비례대표 후보로 당선되게 함으로써 그 정당의 지역 대표성을 보완하게 하는 것이다.

이렇게 하면 호남에서 보수정당 후보가, 영남에서 진보정당 후보가 당선될 수 있어 지역별 1당 독점과 양극화를 완화하는 효과를 기대할 수 있다.

그리고 석패율제로 당선된 의원은 지역기반의 비례대표이기 때문에 각 정당이 취약지역에 진출할 수 있는 실질적 기반을 마련할 수 있다. 그렇게 해서 한 지역에서 둘 이상의 정당이 대등하게 경쟁할 때 정치가 발전할 수 있다. 이것이 바로 석패율제를 도입해야 하는 이유다.

2011년과 2015년 두 차례에 걸쳐 중앙선관위에서도 나와 같은 방식의 석패율제 도입을 제안했지만, 여야의 극심한 대립 등으로 인해 번번이 좌절되고 말았다.

・・・

2019년 6월 4일 나는 국회에서 기자회견을 갖고 석패율제 도입을 골자로 하는 공직선거법 일부개정법률안을 발의했다. 패스트트랙으로 지정된 선거제도 개편을 놓고 여야가 한 치의 양보도 없이 대립하고 있는 상황에서 이를 극복하기 위한 대안으로 석패율제 도입을 다시 제안한 것이었다.

그리고 선거법 논의가 막바지에 이른 11월 말 나는 다시 기자회견을 열어 전국 단위의 석패율제 도입을 또 한 번 강력히 촉구했다. 여야 대표단에서도 도입의 필요성을 공감, 막판까지 논의를 이어갔다. 하지만 연동형 비례대표제 도입으로 석패율제가 자당에 불리하다고 판단한 민주당의 반대로 결국 무산되고 말았다. 지역주의 극복을 위한 마지막 대안마저 당리당략에 밀려 무산되는 것을 지켜보면서 안까타움을 금할 수 없었다.

점점 더 극단으로 치닫는 진영싸움을 감안하면 21대 총선에서는 지역주의의 장벽이 더 높고 두터워질 것이다. 4년 전 어렵게 물꼬를 튼 내 입장에서는 너무나 안타깝고 한편으로 허무한 느낌마저 든다.

비록 20대에서는 무산되었지만 21대 국회에서 석패율제가 다시 논의되어 도입될 수 있기를 고대한다. 양극화로 치닫는 고질적 지역주의를 완화할 수 있는, 어쩌면 유일한 대안이 바로 석패율제이기 때문이다.

전주 회군

손학규 대표를 중심으로 한 당권파에 맞서 결성된 '변화와 혁신을 위한 비상행동'은 결국 바른미래당을 탈당해 신당 창당을 추진했다. 대국민 공모를 통해 신당의 이름을 '새로운보수당(이하 새보수당)'으로 정하고 2020년 1월 5일 창당대회를 개최해 공식 출범했다.

당권파만 남는 당에 그대로 있을 수 없어 창당 발기인에 이름을 올렸지만, 사실 나는 신당에 참여할 생각이 없었다. 대립과 분열을 반복하는 계파정치에 실망해 당과는 거리를 두고 전북과 전주, 그리고 농업 발전을 위한 일에만 매진했다. 아울러 다가오는 21대 총선에서는 무소속으로 출마할 생각을 굳히고 전주에 내려와 준비를 하고 있었다.

그런 내 생각이 바뀐 것은 2019년을 하루 남겨둔 12월 30일 밤이었다. 전주로 내려와 있던 내게 그날 아침 오신환 원내대표가 전화를 했다. 저녁에 열리는 본회의에 출석해 공수처법 통과를 저지하는 데 힘을 보태 달라는 것이었다.

그렇지 않아도 그날 본회의에는 참석할 예정이었다. 독소조항, 즉 검찰이 범죄사실을 인지하면 곧바로 공수처에 통보하도록 한 24조 2항이 포함된 공수처법안은 대통령의 권력을 무소불위 수준으로 만든 최악의 악법이었다. 특히 마지막 단계에서 그 조항을 추가한 만큼 어떻게든 막아야 한다는 생각이었다.

다행히 본회의에는 독소조항을 뺀 권은희 의원의 수정안, 그리고 비밀투표안까지 상정되어 있으니 힘을 모으면 막을 수 있다는 판단도 했다. 오 원내대표도 비밀투표안이 먼저 통과되면 여당에서도 반대표가 나와 막을 수 있을 것이라고 덧붙였다.

서울로 올라온 나는 본회의에 참석해 공수처법 저지에 힘을 보탰다. 하지만 민주당을 중심으로 소수야당이 연합한 소위 4+1 체제는 두 가지 안을 모두 부결시키고 20분도 안 돼 공수처법을 통과시켰다. 나는 마지막까지 반대표를 던졌지만 역부족이었다. 수적 열세에 밀려 독소조항까지 추가된 공수처법 통과를 두 눈 뜨고 지켜볼 수밖에 없었다.

・・・

본회의가 끝나고도 나는 한참 동안 자리를 뜨지 못했다. 이대로는 안 된다는 생각이 들었다. 국가의 미래를 위해서는 여당의 독단을 막아야 한다는, 그러기 위해서는 보수세력이 하나로 대통합해 21대 총선에서 승리해야 한다는 생각이 내내 머릿속에서 떠나질 않았다.

집으로 돌아온 뒤에도 나는 잠을 이룰 수 없었다. 밤이 깊어갈수록 머릿속은 점점 더 복잡해졌다. 국가를 위해서도 그렇지만 전북을 위해서도 보수가 힘을 내야 한다. 지난 4년 동안 전북의 국가예산이 큰 폭으로 증가해 전북 발전을 견인할 수 있었던 것은 보수당으로 출마한 내가 당선되어 여야공존의 시대를 만들었기 때문이었다.

하지만 지금의 전북에서 보수당은 궤멸상태나 마찬가지다. 하나로 똘똘 뭉쳐도 부족할 판에 사분오열되어 그 어떤 희망조차 보이지 않는다. 4년 전보다도 훨씬 더 어렵고 열악한 상황이다.

내가 무소속 출마를 준비했던 것도 그 때문이다. 여론조사에 의하면 무소속으로 출마할 경우 지지율이 40% 정도 나온다. 4년 전의 선거구도를 감안하면 당선 안정권이다. 하지만 보수정당 후보로 나설 경우에는 20~25%에 불과하다. 무소속 출마를 생각하지 않을 수 없다.

하지만, 하지만…

그럴 경우 전북은 또다시 일당독점의 과거로 회귀할 수밖에 없다. 그런 만큼 전북의 보수를 되살려 여야공존의 쌍발통 전북을 지속시키려면 무엇보다 먼저 모든 보수세력을 하나로 통합해야 한다. 그래야 선거에서의 승리도, 쌍발통 전북의 지속도 기대할 수 있을 것이었다.

∙∙∙

밤을 새워가며 고민에 고민을 거듭한 나는 다음날 오신환 원내대표를 찾았다. 자유한국당과 보수통합을 추진하고, 그 창구 역할을 내게 맡게 준다면 새보수당에 적극 참여하겠다고 제안했다. 아울러 당의 핵심인 유승민 하태경 의원의 동의도 받아줄 것을 요구했다. 오 원내대표는 그러한 나의 제안을 수용했고, 유승민 하태경 의원도 동의했다. 나는 곧바로 무소속 출마를 접고 서울로 올라와 새보수당에 합류했다. 보수 대통합의 시대적 사명을 위해 전주에서의 회군을 단행한 것이었다.

암초, 또 암초

새보수당 창당 열흘 뒤 중도·보수 대통합을 목표로 혁신통합위원회(이하 혁통위)가 만들어졌다. 자유한국당과 새보수당을 비롯해 재야인사들까지 범보수 세력의 통합을 추진하는 기구였다.

하지만 혁통위는 출발부터 삐걱거렸다. 박형준 위원장 선임에 대한 새보수당 내의 불만 때문이었다.

혁통위는 새보수당이 당 차원에서 참여하기 전, 한국당 주도로 구성되어 박형준 동아대 교수를 위원장으로 선임했다. 이에 대해 유승민 의원이 불만을 제기했고, 이는 개인 자격으로 혁통위에 참여하고 있던 정병국 의원에게 쏟아졌다. 당의 내락이 없는 상태에서 왜 박형준 교수가 위원장에 선임되도록 방관했냐는 것이었다. 논란 끝에 정병국 의원은 뒤로 빠지고 대신 나와 지상욱 의원이 새보수당 대표로 혁통위에 참여키로 결정되었다.

나는 박 위원장의 사퇴를 요구하는 유승민 의원 측을 설득했다. 박 위원장은 우리가 참여하기 전에 선임이 이루어진 것이다, 사퇴 요구는 지나친 것이라고 설득, 기자회견을 통해 한국당이 사과하는 선에서 논란을 마무리하고 혁통위를 출범시켰다.

...

하지만 그것은 시작에 불과했다. 혁통위가 출범하고 며칠 지나지 않아 또다시 난관에 부딪쳤다. 이번에도 유승민 의원 쪽의 문제 제기 때문이었다.

사실 유승민 의원 입장에서는 새보수당을 창당하자마자 통합 논의를 진행하는 것이 난감하고 미온적일 수밖에 없다. 그런 상황인데 한국당에서 김형오 전 국회의장을 공천관리위원장으로 선임했고, 박형준 위원장은 선거가 임박한 상황이니 양해해 줘야 한다는 입장을 표명한 것이었다.

그러자 유승민계인 지상욱 의원이 박 위원장을 향해 '왜 한국당 아바타 노릇을 하느냐?'며 사퇴를 요구, 내부 갈등이 증폭되었다. 나는 지금 시점에서 사퇴를 요구하는 것은 판을 깨는 것이라며 지 의원을 설득했다. 결국 지 의원이 사퇴하고 유의동 의원이 대신하는 것으로 사태를 마무리했다.

그러는 사이 이번에는 하태경 의원이 '양당협의체' 구성을 제안하고 나섰다. 혁통위에 통합을 맡길 수 없으니 한국당과 새보수당이 직접 통합 협상을 진행하자는 것이었다. 한국당에서 반응이 없자 1월 20일까지 시한을 제시하고 응하지 않을 경우 새보수당은 통합 논의에서 빠지겠다고 최후통첩까지 했다.

정말 갈수록 태산이었다. 혁통위에서 보수 대통합을 논의하고 있는데 새보수당과 별도로 양당협의를 한다는 것은 한국당 입장에서는 난감할 수밖에 없다. 그럴 경우 혁통위는 뭐가 되고 박형준 위원장은 또 뭐가 되겠는가? 그렇다고 최후통첩까지 했는데 답을 주지 않으면 새보수당 또한 가만히 있지 않을 것이었다.

나는 또다시 고민에 빠졌다. 자칫하면 판이 깨질 살얼음판 같은 상황이었다. 이를 극복하기 위해서는 양쪽 모두에게 명분을 줄 수 있는 중재안이 필요했다. 어느 한쪽에 치우친 결정을 할 경우 통합 논의는 물 건너 갈 수밖에 없었다.

4시간의 장고 끝에 나는 중재안을 생각해냈다. 하 의원이 제안한 양당협의체는 양당간 합당을 위한 실무논의를 위해 필요하다. 그런 만큼 협의체의 구성 시기와 공개 여부는 양당이 조율해서 결정토록 하자는 것이었다. 그럴 경우 혁통위의 통합 논의는 그대로 진행하면서 양당협의체의 구성 시기는 뒤로 미룰 수 있었다. 양측 모두에게 명분을 주는 중재안이었다.

나는 박형준 위원장에게 연락해 그러한 내 생각을 전했고, 한국당 쪽에도 전달했다. 내 제안을 받아들여 한국당에서 양당협의체를 수용하겠다고 발표함으로써 통합 논의는 그대로 진행할 수 있게 되었다.

∙∙∙

　혁통위와 양당협의체. 투 트랙으로 통합 논의가 진행되었지만 실질적인 진전은 이루어지지 않았다. 가장 큰 원인이 새보수당 내의 의견조율이었다.

　당시 새보수당은 나를 포함해 5인의 공동대표 체제로 운영되고 있었는데 문제는 역시 유승민 의원이었다. 처음부터 통합에 미온적인 태도를 보였고, 시간이 지나도 마찬가지였다. 급기야 연대 이야기까지 꺼냈다. 통합 대신 선거 연대로 가는 것이 어떻겠냐는 것이었다.

　나는 지금 와서 연대를 얘기하는 것은 말이 안 되고 통합으로 협상을 해야 한다고 강하게 주장했고, 다른 대표들 또한 통합에 동의했다.

　나 또한 유승민 의원의 입장을 모르는 것은 아니다. 유 의원 입장에서는 고민이 많을 수밖에 없다. 얼마 전 나는 대구까지 찾아가 유승민 의원과 장시간 얘기를 나눴다. 그때 나는 유 의원에게 이순신 장군처럼 사즉생 할 것을 조언했다. 보수 대통합을 위해 사즉생의 각오로 모든 걸 내려놓을 때 유 의원도 살고 보수도 살아날 수 있다고 강조했다.

　그렇게 또 열흘 가까운 시간이 흘러 선거가 70일 앞으로 다가온 2월 5일 더는 미룰 수 없다는 판단에서 나는 다른 대표들과 함께 유 의원과 담판을 벌였다.

　유 의원은 또다시 연대 이야기를 꺼냈다. 나는 새보수당이 유승민

사당이 아니지 않느냐, 연대로 가면 안 된다고 목소리를 높였다. 하태경 의원 또한 5인 공동대표가 당의 실질적인 대표인 만큼 통합을 거부할 거면 탈당을 하라고 유 의원을 몰아부쳤다.

장시간의 논의 끝에 유승민 의원에게 3일간의 시간을 주자고 결론을 냈고, 2월 9일 유승민 의원은 결국 신설 합당 추진과 함께 총선 불출마를 선언했다. 유 의원이 그렇게 사즉생의 결단을 함으로써 보수 대통합은 급물살을 타게 되었다.

・・・

통합 논의가 막바지에 이른 2월 13일, 또 다른 문제가 생겼다. 장기표 등 재야 보수 인사들이 통합 논의에서 빠지겠다고 선언한 것이었다. 공관위와 지도체제 참여가 무산된 데 따른 불만 때문이었다.

다음날 나는 장 대표를 만나 설득에 나섰다. '신당 창당을 하면 재야에서도 일정 부분 참여하는 게 맞다. 하지만 지금은 통합이다. 각 당이 합치는 것이다. 이런 상황에서 재야는 울타리 역할을 해야 한다. 장 대표께서 울타리 역할을 해 달라. 큰 숲을 보시고 대의를 우선해 달라.' 그런 내 설득이 통했는지 장 대표는 2월 17일 열린 미래통합당 출범식에 참석, 보수 대통합의 명분을 살려 주었다.

1월 14일 혁통위가 구성된 지 한 달 만에 마무리된 보수 대통합. 그 기간은 짧았을지 모르지만, 이면의 시간은 길고도 힘들었다. 살얼음판 같은 암초를 몇 개나 넘고 넘어 만들어낸 난산의 통합이었다.

외로운 선택

"순간의 선택이 평생을 좌우합니다."

오래전에 유행한 광고카피다. 하지만 내게는 단순한 광고카피가 아니다. 내가 중요한 결정을 할 때마다 생각하고 되새김하는 삶의 지침이다. 그만큼 나는 선택을 할 때면 신중히 생각한다.

2020년 2월 14일. 나는 또 한 번의 중요한 선택을 했다. 혁통위에서 자유한국당과 새로운보수당을 비롯한 범보수세력의 통합을 의결한 다음 곧바로 새보수당을 탈당하고 통합당의 비례정당인 미래한국당에 입당했다. 21대 총선에서 지역구인 전주를 떠나 비례대표로 출마하기 위한 선택이었다.

이러한 나의 선택에 대해 엄청난 비난과 야유가 쏟아졌다. 여당은 물론 언론에서도 무차별적인 비난을 퍼부었다. 지역구인 전북과 전주에서도 마찬가지였다. 유권자들을 기망하는 행위다, 노욕이 부른 참사다, 정당 보조금을 받기 위한 5억짜리 배신이다….

나는 묵묵히 감수했다. 충분히 예상했던 반응이었다. 그런 비난을 감수하고라도 선택할 수밖에 없었던, 고민하고 또 고민해서 내린 결정이었다. 그만큼 외롭고 힘든 선택이었다.

・・・

4년 전 나는 전북 전주에서 출마해 보수당 후보로는 32년 만에 당선됐다. 민주당 독점의 전북에서 8년 동안 모든 것을 다 쏟아부은 결과, 고질적인 지역장벽을 허물고 여야 공존의 물꼬를 튼 것이었다.

그렇게 선거혁명을 이룩해 주신 도민들의 뜻을 받들어 4년의 임기 내내 나는 전북과 전주 발전에 모든 것을 쏟아부었다. 첫해에는 집권여당의 유일한 국회의원으로 중앙과의 통로를 열었고, 20대 국회의원 중 유일하게 4년 연속 예결위원이 되어 전북의 국가예산 7조 원 시대를 열었다. 상산고 문제가 발생했을 때는 여야의원 151명의 서명을 받아 해결했다. 그 외에도 지역의 각종 숙원사업 해결에 많은 힘을 보탰다.

이러한 성과는 도민들께 보답하기 위한 나의 노력에 여야 공존의 정치환경이 더해져 만들어낸 시너지효과였다. 전북지사를 비롯한 전북도민들의 힘과 여야 정치권이 서로 협력해 시너지효과를 발휘한 덕분이다. 민주당 독점이 아니라 여와 야, 진보와 보수가 공존하는 쌍발통 정치가 이루어낸 결과였다.

...

하지만 4년이 지난 지금 전북의 정치상황은 크게 달라졌다. 박근혜 대통령의 탄핵과 보수진영의 분열은 전북의 보수를 궤멸상태로 만들었다. 21대 총선이 코앞으로 다가왔지만, 그 어떤 희망의 싹도 보이지 않았다. 지난 4년 동안 물꼬를 트고 길을 열어온 쌍발통 전북이 물거품이 될 위기에 직면했다.

나는 애가 탔다. 그럴 수는 없었다. 어렵게 어렵게 일궈온 여야가 공존하는 전북, 진보와 보수가 함께하는 쌍발통 전북을 여기서 멈추게 할 수는 없었다. 어떻게든 전북의 보수를 되살려야 하고, 그것을 위해서라면 욕을 먹더라도 실현 가능한 방안을 찾아야 했다. 그것이 내가 미래한국당을 선택한 이유였다.

...

다음 날 나는 '전북도민들께 드리는 글'을 통해 그러한 나의 생각을 밝히고 양해를 구했다.

"… 지난 1월 14일부터 혁신통합추진위원회를 시작으로 통합신당

준비위원회의 마지막 회의까지, 통합 열차가 멈추지 않고 달려나갈 수 있도록 그 중심에서 최선을 다했습니다. 그리고 이제 보수 통합은 미래통합당으로 출범하게 됐습니다.

　그러던 저에게 간곡한 요청이 왔습니다. 보수승리의 밑거름이 되어 달라, 호남에 보수의 뿌리를 내려 명실상부한 전국정당으로 자리매김하겠다는 미래한국당의 부탁이자 약속입니다. 고심의 고심 끝에, 저는 이것이 제가 가야 하는 길일 수 있겠다는 시대적 소명과 마주했습니다. 이것이 보수승리와 전북 발전을 위한 기회라면 때를 놓치지 않아야 한다고 판단했습니다. '미래한국당'에서 보수승리와 전북 발전을 위해 모든 것을 걸겠습니다."

　발표문에 대한 도민들의 반응은 엇갈렸다. 핑계에 불과하다며 집어치우라고 비난하는 분들도 있었다. 지난 4년 동안 내가 한 일을 거론하며 진정성을 이해한다는 분들도 있었다.

　이제 공은 다시 내게로 넘어왔다. 나의 선택에 대한 평가는 앞으로의 내 역할에 달려 있다. 외롭고 힘들었던 이 선택이 진정 전북과 전북도민들을 위한 결단이었음을 입증할 수 있도록 앞으로도 나는 나의 모든 힘과 역량을 다해 전북과 전주 발전, 그리고 농업 발전에 매진해 나갈 것이다.

5장

진정한 국민통합과
전북특별자치도

한국탄소산업진흥원 설립

"탄소 소재 융복합 기술개발 및 기반조성 지원에 관한 법률(이하 탄소소재법) 개정안은 의결되었음을 선포합니다."

2020년 4월 30일, 20대 국회 마지막 본회의장. 법안이 통과되었음을 알리는 의장의 의사봉 소리가 탕탕탕 울리는 순간 내 눈에는 핑그르르 눈물이 고였다. 지난 2017년 내가 발의한 탄소소재법 개정안이 4년이란 길고 긴 시간을 거쳐 마침내 효력을 발휘하게 된 것이었다.

회의가 끝나고 의원들이 퇴장하는 중에도 나는 눈을 감고 한동안 그대로 앉아 있었다. 지난 4년간의 기억들이 주마등처럼 떠올라 사라지지 않기 때문이었다.

"정 의원님, 축하드립니다. 전북을 위해 정말 큰일을 하셨습니다."

가까이서 들리는 낯익은 목소리에 나는 번쩍 눈을 떴다. 김도읍 의원이 환한 미소를 머금고 악수를 청하고 있었다. 나는 벌떡 일어나 악수 대신 김 의원을 와락 끌어안았다.

"의원님께서 도와주신 덕분입니다. 고맙습니다. 정말 고맙습니다."

나는 두번 세번 거듭해서 감사의 말을 전했다. 법안심사 제2소위 위원장인 김 의원이 도와주지 않았다면 탄소소재법은 법사위 문턱을 넘지 못하고 20대 국회의 종료와 함께 폐기될 것이었다. 그만큼 개정안이 통과된 데에는 그의 역할이 절대적이었다.

부산에 지역구를 둔 그가 전북의 숙원인 탄소소재법 개정안 처리에 발벗고 나선 것은 나와의 특별한 인연과 신뢰 때문이었다.

...

탄소는 철강에 비해 무게가 5분의 1 정도로 가볍다. 반면 강도는 10배나 강하다. 때문에 자동차 조선 항공 신재생에너지 등 다양한 산업 분야에서 철강 대체재로 활용된다. 특히 국가 안보의 핵심이 되는 우주·항공·방위산업에서는 핵심 소재로 활용되고 있다. 이

때문에 선진국에서는 방산기업을 중심으로 탄소 소재 부품 공급망을 구축하는 등 글로벌 기술 패권 경쟁에 열을 올리고 있다.

국내의 탄소산업은 우리 전주에서 시작되었다. 지난 2007년 전주는 '100년 먹거리 산업'으로 탄소 소재를 선택했다. 탄소가 세계시장에서 신소재 산업으로 부상하고 있는 것을 반영한 것이었다.

그때부터 전주는 탄소산업 육성에 많은 노력을 기울였다. 국내 유일의 탄소 전문 연구기관인 한국탄소융합기술원을 설립해 탄소 소재에 대한 연구와 기술개발을 주도했다. 효성 등 탄소 관련 기업을 유치하고 전주대에 탄소연구소를 개소하는 등 산학협력시스템도 구축했다. 한편으로 탄소산업 발전의 기반이 될 탄소소재법 제정을 촉구해 국회 통과를 이끌어냈다. 전주에서 지역특화사업으로 시작한 탄소산업을 국가산업으로 발전시킬 토대를 마련한 것이었다. 정부에서도 탄소 소재의 중요성을 인식, 2025년까지 세계 탄소 소재 4대 강국으로 성장하겠다는 목표하에 관련 정책을 마련해 추진하고 있다.

전북은 전북대로, 또 정부는 정부대로 탄소산업 육성을 위해 열심히 노력하고 있지만 내가 보기에 정말로 중요한 것이 빠져 있었다. 탄소산업의 컨트롤타워 역할을 할 전담 기관이 없다는 것이었다.

정부의 목표대로 탄소 소재 강국이 되기 위해서는 세계 수준의 기술력 확보는 물론 관련 사업체 육성과 판로 지원, 제도적 기반 구축 등이 체계적으로 이루어져야 하는데 이는 정책을 총괄할 국가기관이 있어야 가능하다. 지금처럼 지자체 차원의 연구기관, 기업, 대학 등에서 산발적으로 추진하면 기술 역량이 분산되어 선진 기술 추격에 한계가 있을 수밖에 없다. 그런 만큼 탄소산업진흥원을 설립해 국가 차원의 종합적인 정책을 개발하고 독립적으로 예산을 편성·집행하는 등 구조적이고 체계적인 산업 육성이 필요하다. 그래야 탄소 선진국들과 어깨를 나란히 할 수 있다. 그리고 그 기관은 인프라와 연구개발 노하우가 축적된 전북에 설립되어야 한다는 것이 내 생각이었다.

…

이러한 판단에 따라 2017년 8월, 나는 탄소산업진흥원 설립의 법적 근거를 마련하기 위해 탄소소재법 개정안을 대표발의했다. 탄소산업의 컨트롤타워로 국가기관인 한국탄소산업진흥원을 설립한다는 것이 주요 골자였다.

법안 발의 후 나는 소관 상임위인 산자위(산업통상자원중소벤처기업위원회) 위원들을 대상으로 집중적인 설득 작업을 벌였다. 특히 부정적 의견을 낼 것으로 예상되는 의원들에 대해서는 맨투맨 설득을 끊임없이 전개했다. 2년 전 탄소소재법 제정 당시 반대 목소리가 강했던 일부 야당의원들은 특별관리 대상으로 분류해 수시로 전화를 하거나 직접 찾아가 개정안의 주요 내용을 설명하고 필요성을 설득했다. 송하진 전북 도지사도 한마음이 되어 야당의원 설득작업에 주력했다. 그 결과 이듬해 2월 개정안은 산업위 전체회의를 통과, 빠른 시일 내에 본회의까지 통과할 수 있을 것으로 예상되었다.

하지만 세상에 쉬운 일은 없다고, 일이 그렇게 내가 생각하는 대로 진행되지는 않았다. 산업위를 통과한 개정안은 법사위에서 발목이 묶여 난항을 거듭했다. 정부에서는 새로운 기관 설립에 부담을 느꼈고, 의원들은 특정 지역 사업으로만 판단해 별 반응을 보이지 않았다. 답답한 마음에 나 혼자 이리 뛰고 저리 뛰었지만 지방선거를 앞둔 어수선한 분위기까지 겹쳐 한 걸음도 나아가지 못하고 제2소위에 계류된 채 시간만 흘렀다.

...

20대 국회 임기가 1년도 남지 않은 2019년 하반기가 되어도 상황은 달라지지 않았다. 나는 마음이 급해졌다. 탄소산업이 전북은 물론 대한민국의 미래 먹거리가 될 것으로 확신하고 3년 전부터 준비하고 추진해 온 법안이었다. 또한 국회에 등원하면서 전북도민들께 드린 약속이었다. 더이상 기다리고 있을 수는 없었다. 이대로 포기할 수도 없었다. 어떻게든 불씨를 살려야 했다.

나는 다시 마음을 다잡고 법안소위 위원들을 한 분 한 분 직접 만나 개정안의 내용을 설명하고 협조를 요청했다. 지성이면 감천이라고 많은 의원들이 공감해 소위를 통과할 것으로 예상했다. 하지만 기획재정부와 민주당의 예기치 못한 반대에 부딪쳐 또다시 공전되면서 해를 넘겼다. 새해가 되자 정국은 총선체제로 전환되었고 개정안은 법사위에 계류된 채 20대 국회와 함께 폐기될 위기에 처했다.

이제 남은 국회 회기는 4월말의 정기국회뿐이었다. 그때도 통과시키지 못하면 자동폐기될 것이었다. 하지만 법안을 심사할 소위 위원들은 각자의 지역구에서 선거운동에 전념하느라 만나기조차 쉽지 않았다. 이제 어떻게 해야 하나? 어떻게 해야 계류된 법안을 끄집어내 심의에 올리고 통과시킬 수 있겠는가? 며칠 동안 잠을 설치며 고민에 고민을 거듭한 나는 마지막 승부수를 던졌다.

...

나는 먼저 수정안을 만들었다. 정부(기획재정부)에서 부담스러워하는 국가기관 신설 대신 기존의 기관을 국가기관으로 지정하도록 중재안을 만들어 기재부의 동의를 이끌어냈다. 전주에 있는 한국탄소융합기술원을 염두에 둔 조치였다.

그런 다음 부산에 있는 김도읍 의원의 선거캠프로 내려갔다. 법사위에서 해당 법안의 심사를 담당하는 제2소위 위원장이 바로 김 의원이었다. 계류된 개정안을 끄집어내 상정하기 위해서는 그의 역할이 절대적이었다.

"김 의원님 선거운동을 도와드리려 내려왔습니다."

뜻밖의 방문에 어리둥절해하는 김 의원에게 그렇게 말하고 곧바로 선거운동에 돌입했다. 당시 나는 비례대표로 출마한 상태라 상대적으로 시간적 여유가 있었다. 며칠 동안 부산에 머무르며 최선을 다해 선거운동을 도왔다. 전북의 국회의원이 부산지역 출마자의 선거운동을 지원하는 색다른 광경이 연출된 것이었다. 법안에 대해서는 입도 벙긋하지 않았다.

4월 15일 투표 결과 김 의원은 여유있게 당선되어 3선의원이 되었다. 그리고 10여 일 뒤인 4월 하순 20대 국회의 마지막 정기국회가 시작되었다.

그때서야 나는 조용히 김 의원을 찾아가 간곡히 부탁했다. 전북과 대한민국을 위해 반드시 필요한 법안이다. 이번밖에 기회가 없다, 계류된 법안을 꺼내 상정해 달라…. 마음을 다해 설득했다.

"전북을 위해 그토록 애쓰시는 정 의원님이 정말 존경스럽습니다. 최선을 다해 보겠습니다."

김 의원의 결단으로 개정안은 제2소위에 상정되어 소위와 법사위의 문턱을 넘었고, 오늘 본회의에서 최종 가결된 것이었다. 20대 국회 등원 전부터 시작한 전북의 탄소산업 육성을 위한 법적 토대가 4년간의 우여곡절을 거쳐 마지막 정기국회에서 통과된 것이었다. 나로서는 만감이 교차할 수밖에 없었다.

...

그로부터 6개월이 지난 2020년 11월 3일, 정부(산업부)는 한국탄소산업진흥원 운영준비위원회를 열어 전주에 있는 (재)한국탄소융합기술원을 국가기관인 한국탄소산업진흥원으로 지정·의결했다. 마침내 전북의 숙원사업이자 지난 4년에 걸친 나의 노력이 마무리되는 순간이었다. 이로써 전북은 명실상부한 대한민국 탄소산업의 컨트롤타워로 발돋움할 수 있게 되었다.

하지만 이제 시작일 뿐이다. 현재 우리나라의 탄소 소재 기술력은 일본 미국 독일에 이어 세계 4위 수준으로 알려져 있지만, 아직 많은 과제를 안고 있다.

무엇보다도 우주·항공·방산 등 경제발전과 국가안보의 핵심산업에 쓰이게 될 탄소 소재 부품과 관련된 기술개발과 공급망 확보가 시급한 과제로 대두되고 있다. 방산기업을 중심으로 글로벌 패권 경쟁을 벌이는 선도국가들과 달리 우리나라는 고성능 탄소섬유 원천기술을 확보하지 못해 대부분 해외에 의존하고 있다. 그런 만큼 R&D 투자를 확대하고 불필요한 규제를 해소하는 등 지속적인 노력을 통해 조기에 원천기술을 확보해야 한다. 아울러 전기차 등 미래자동차산업, 신재생에너지, 조선산업, 수소산업 등 관련 산업과의 융합을 통해 탄소융복합 소재의 부가가치를 높여야 한다.

법적 제도적 정비도 시급하다. 탄소융복합 소재가 신소재인 데다 활용 범위가 워낙 광범위하다 보니 산업 안전 기준이 없고 혁신적인 기술이나 제품을 실증해 볼 시설도 부족하다. 규제를 대폭 줄이고 각종 인센티브를 제공하는 규제 자유 특구의 지정도 검토할 필요가 있다. 또 탄소섬유를 활용한 다양한 제품들을 개발해 국내 탄소산업 시장을 확대하고 세계시장도 개척해야 한다.

   그런 만큼 탄소산업진흥원을 중심으로 한 전북의 탄소산업에 전북과 대한민국의 미래가 달려 있다 해도 틀린 말이 아닐 것이다. 어렵고 힘든 과정을 거쳐 기반이 구축된만큼 전북의 탄소산업이 이 모든 과제를 극복하고 대한민국을 먹여 살리는 미래산업으로 성장 발전할 수 있도록 나 또한 모든 역량을 다해 지원하고 뒷받침할 것이다.

보수정당과 5·18 사이의
두꺼운 얼음장벽을 녹이다

"부끄럽고 또 부끄럽습니다. 죄송하고 또 죄송합니다. 너무 늦게 찾아왔습니다. 벌써 백 번이라도 사과하고 반성했어야 마땅한데 이제야 그 첫걸음을 떼었습니다. 5·18 민주묘역에 잠들어 있는 원혼의 명복을 빕니다."

2020년 8월 19일. 김종인 미래통합당(현 국민의힘) 비상대책위원장은 광주 5·18 묘역을 찾아 무릎을 꿇고 '5·18 민주영령과 광주시민 앞에 부디 이렇게 용서를 구한다'며 사과했다. 울먹이는 목소리로 말을 잇지 못하는 그의 눈에는 눈물이 비쳤다.

80년대 정치를 시작해 광주민주화 운동의 역사를 고스란히 겪어온 노 정치인이 보수정당의 대표가 되어 광주 5·18 묘역에서 무릎

끓고 흘리는 눈물. 옆에서 그런 역사의 현장을 지켜보는 내 눈에도 덩그러니 눈물이 고였다.

...

20대 총선에서 보수정당 후보로 32년 만에 전북에서 당선된 데 이어 21대 총선에서 비례대표로 재선의원이 된 나는 5월을 맞으면서 마음이 무거웠다. 호남을 대표하는 보수정당 의원으로서 40년 동안 호남인들의 가슴에 응어리진 보수정당에 대한 한을 풀어드리고 서로 소통해야 한다는 사명감이 남겨진 숙제처럼 마음을 짓눌렀다.

현대사 최대의 비극인 5·18 광주민주화 운동 당시 무력진압의 직접적 책임이 있는 당시의 집권여당 민정당이 민자당·신한국당·한나라당·새누리당·미래통합당으로 이어지며 40여 년이 지났지만 아직까지 정당의 대표가 책임 있는 사과 한 번 하지 않았다. 그 때문에 보수당과 호남은 늘 갈등과 반목을 겪었고, 그것이 국민화합과 통합의 가장 큰 장애로 작용했다.

그런 만큼 쌍발통 전북을 역사의 소명으로 삼아 정계에 입문한 내게 있어 5·18 광주와 보수당이 화해하고 소통할 수 있도록 하는 것은 쌍발통 전북을 넘어 쌍발통 호남을 실현하는 보다 큰 역사의 소명이었다. 21대 국회 개원식에 참석해 의원 선서를 하면서 나는 이러한 소명의식을 다시금 되새겼다.

21대 총선에서 민주당에 패배해 전면적인 변화와 쇄신이 필요한 미래통합당은 개원 후 보수와 진보를 넘나드는 현실정치의 거목인 김종인 전 의원을 위원장으로 추대해 비상대책위원회 체제를 출범시켰다.

전면적인 변화를 위한 비대위 체제가 호남과 소통할 수 있는 절호의 기회라고 생각한 나는 김종인 위원장을 만나 '당의 변화를 위해서는 5·18 문제를 해결하고 광주와 소통해야 한다'고 설득하면서 광주 방문과 5·18 단체들과의 간담회를 적극 요청했다.

변화를 위해서는 해묵은 과제부터 해결해야 한다는 생각을 갖고 있던 김 위원장은 이러한 나의 요청을 적극적으로 수용, 보수당 대표로는 처음으로 5·18 묘역을 찾아 무릎을 꿇고 사과한 것이었다. 내 입장에서는 가슴에 앙금처럼 남아 있던 오랜 체증이 내려가는 순간이었다.

...

김종인 위원장의 사과를 계기로 당에서는 호남과의 지속적인 대화와 소통을 위해 상설 실행기구로 국민통합위원회를 발족하고 나를 위원장으로 위촉했다. 나 또한 정치적 소신인 지역주의 극복을 실현할 절호의 기회라 생각하고 적극적으로 나섰다.

나는 먼저 5·18단체와 지속적으로 대화를 추진하는 한편, 중앙에서 호남을 대변하고 호남에 실질적인 도움을 줄 수 있는 당 차원의 제도적 장치를 생각했다.

김종인 위원장의 사과가 진정성을 갖고 호남인들의 마음을 움직이기 위해서는 보수당이 호남에 실질적인 도움이 되어야 하고, 이를 위해서는 호남의 입장을 대변하고 뒷받침하는 구체적인 시스템이 마련되어야 한다는 판단에서였다.

고민 끝에 생각한 것이 당 차원의 '제2 지역구 갖기 운동'이었다. 당내에 호남의원이 한 명도 없는 현실을 감안, 영남 등 타 지역 의원들을 호남 명예의원으로 위촉해 지역구 의원의 역할을 대신토록 하자는 것이었다. 호남지역 41개 지자체마다 통합당 의원이 명예의원으로 참여하면 그 지역 단체장이 해당 의원과 지역 문제를 협의할 수 있고, 정부 정책과 예산 확보에서도 도움을 받을 수 있을 것이다. 통합당 입장에서도 그동안의 '비호남'이란 오명에서 벗어나 호남에 적극적으로 다가가는 실질적인 방안이 될 것이었다.

나는 국민통합위원장으로서 이러한 내용의 '호남동행의원' 제도를 만들어 김종인 위원장을 비롯한 지도부의 동의를 구했다. 그런 다음 통합당의 모든 의원들에게 취지와 내용을 설명하고 신청을 받았다. 그 결과 48명의 의원이 신청해 41개 지역구를 모두 채우고도 남는 성과를 이끌어냈다.

의원단 구성을 완료한 후 나는 국회의사당 본관 앞에서 '호남동행 국회의원 발대식'을 열고 '제2 지역구 갖기 운동'을 공식 선포했다. 언론과 국민들에게 널리 알려 실질적인 효과를 높이기 위해서였다. 이 자리에서 나는 지역주의 극복과 통합의 중요성을 다시 한번 역설했다.

"우리에게 주어진 제1의 과제는 지역주의를 극복하고 동서를 통합하는 것입니다. 그러기 위해서는 우리 통합당이 '비호남 정당'이 아닌 '친호남 정당'으로 거듭나야 합니다. 그 모든 것이 호남동행의원으로 참여하신 여러 의원님들께 달려 있습니다. 호남인들이 보수당에 대한 분노와 원한을 풀고 호남에서도 보수당 의원이 탄생할 수 있도록 지역주의 극복의 기반을 마련해 주시기를 부탁드립니다."

나는 참여한 의원 한 분 한 분에게 감사와 함께 간곡한 당부를 드렸다. 48명의 동행의원들도 '너무 늦었지만 지금부터라도 최선을 다하겠다'고 응답했다. 보수당과 호남이 그동안의 원한관계에서 벗어나 화해하고 협력할 수 있는 기반이 비로소 마련된 것이었다.

...

국민통합위원회를 중심으로 한 5·18 단체들과의 지속적인 대화와 교류, 그리고 호남동행의원을 통한 지원과 뒷받침, 이렇게 투트랙을 통해 나는 국민의힘(전 미래통합당)에 대한 호남인들의 원한을 풀고 상생을 모색하기 위해 최선을 다했다.

2020년 10월 14일 처음으로 개최된 국민통합위원회 회의에서는 호남지역 인재 육성을 위한 「취약지역 인재 육성 비례대표 국회의원 우선추천제도」를 만장일치로 의결했다. 호남과 같은 국민의힘 취약지역에 비례대표 국회의원 5명을 우선 추천할 수 있도록 한 것이었다.

나는 이를 제도적으로 확실히 하기 위해 동행의원을 비롯한 국민의힘 국회의원 85명의 서명을 받아 2021년 3월 25일 상임전국위원회에 상정해 통과시켰다. 이에 따라 당헌 당규에 다음과 같은 내용의 새로운 조항이 신설되었다.

〈당헌당규 제18조 3항〉
 당세가 현저히 약화된 취약 지역의 인재 육성을 위해 직전 비례대표 국회의원선거 정당득표율 15% 미만 득표 지역(시·도 단위)을 비례대표 우선추천지역으로 선정하고 후보자 추천순위 20위 이내에 4분의 1을 해당지역 인사로 우선 추천한다.

이로써 지역구 국회의원이 한 명도 없는 호남지역에서도 비례대표를 통해 최소 5명의 국회의원을 배출할 수 있게 되었다. 내가 그토록 주창한 쌍발통 전북, 여야 공존의 호남이 제도적으로 가능하게 된 것이었다.

당내에 새로운 지도부가 들어설 때마다 나는 광주 방문과 간담회를 주선했다. 김기현 대표 대행, 이준석 당 대표, 권선동 대표 대행, 김기현 당 대표 모두 취임 후 첫 번째 지역 방문지로 광주를 찾아 5·18 묘역을 참배하고 5·18 단체들과 간담회를 개최했다.

 구체적이고 실질적인 대화는 국민통합위원회를 중심으로 지속적으로 개최했다. 지금까지 총 24회에 걸쳐 간담회를 갖고 5·18의 오랜 숙원을 풀기 위한 실질적인 방안들을 심도 깊게 논의했다. 간담회에서 합의된 내용은 곧바로 법제화를 추진해 실현될 수 있도록 했다. 그 과정에서 호남동행의원들의 적극적인 지원과 뒷받침이 큰 도움이 되었다.

이러한 노력을 통해 그동안 5·18 단체에서 요구하던 각종 현안을 해결하는 등 많은 성과를 이루어냈다.

가장 큰 성과는 5·18 관련 3개 단체의 공법단체 전환이었다. 2020년 12월 「5·18 민주유공자 예우 및 단체 설립에 관한 법률」 개정안을 통해 「5·18 민주화운동 부상자회」와 「5·18 민주유공자 유족회」, 「5·18 민주화운동 공로자회」 등 3개 5·18 관련 단체가 공법단체로 전환할 수 있는 근거를 마련함으로써 이들 단체가 정부 예산으로 운영비 등을 지원받고 보훈처 승인을 받아 수익사업을 할 수 있도록 했다. 지난 수십 년 동안 갈등을 빚어온 공법단체 전환 문제가 마침내 해결된 것이었다.

그리고 2021년 5월에는 동 법률안 개정을 통해 5·18 희생자의 방계가족에게도 공법단체인 「5·18 민주유공자 유족회」의 회원 자격을 부여, 5·18 유족회 회원 300여 명 중 공법단체 회원 자격이 없는 방계가족 72명도 공법단체에 참여할 수 있도록 해 지원과 보상을 받을 수 있게 했다.

나는 또 5·18 유가족들의 요구를 받아들여 5·18 민주유공자 및 유가족들에 대한 보상 범위를 확대하는 내용의 동 법률 일부개정안을 대표발의해 통과시켰다. 유가족들에 대한 교육 지원 시 생활 정도를 고려해 차등 지원하는 규정을 삭제하는 한편, 일부 유가족에 대한 취업지원을 모든 유가족(5·18 민주화운동 희생자 가족 포함)으로 확대하고 수송시설에 대한 이용 지원도 확대하는 등 보상 규정의 지원대상과 범위를 확대해 5·18 민주유공자에 대한 합당한 예우와 지원을 가능하게 했다.

이렇듯 지속적으로 대화하고 소통하면서 합의된 내용은 곧바로 법제화를 통해 실천하는 등 진정성 있게 다가가자 국민의힘에 대한 5·18 단체들의 원한과 분노도 조금씩 조금씩 가라앉기 시작했다.

・・・

2021년 5월, 5·18 41주년을 앞두고 나는 성일종 비대위원과 함께 뜻밖의 초청장을 받았다. '5·18 민중항쟁 제41주년 추모제'에 참석을 요청하는 (사)5·18 민주유공자유족회의 공식 초청장이었다. 또 '5·18 구속부상자회'가 주관하는 '제41주년 5·18 민중항쟁기념 부활제'에도 공식 초청을 받았다. 양 행사 모두 보수정당 국회의원으로는 최초로 초청된 역사적인 일이었다.

그리고 이듬해인 2022년 5월 나는 성일종 의원과 함께 5·18민주화운동 4개 단체(5·18민주화운동부상자회, 5·18민주화운동공로자회, 5·18민주유공자유족회, 5·18기념재단)에서 시상하는 '자랑스러운 5·18 광주인상'을 수상했다. 5·18 공법단체 출범과 5·18 유족회 방계가족 회원 자격 부여 등 현안을 해결하고, 5·18 민주화 운동의 의미와 가치를 견고히 하는 데 앞장서 온 공로를 치하해 시상한다는 것이었다.

'자랑스러운 5·18 광주인상, 국회의원 정운천'이라는 상명과 내 이름이 선명히 각인된 상패를 받으며 나는 가슴 밑바닥에서 용암처럼 끓어오르는 뜨거운 기운을 느꼈다. 진심은 결국 통한다고, 나의 소신과 노력으로 견고하기만 했던 지역주의의 벽이 허물어지고 있다 생각하니 감개가 무량했다.

그로부터 며칠 뒤 5·18 민주화운동 제42주년 기념식장에 윤석열 대통령은 각 부처 장관·대통령실 수석비서관·국민의힘 당 대표 및 국회의원 전원과 함께 보수 진영 대통령으로는 처음으로 5·18 묘역 정문인 '민주의 문'을 통해 입장하고 보수의 금지곡이었던 '임을 위한 행진곡'을 함께 제창했다. 국민통합위원회의 활동을 통해 형성된 보수당과 광주의 화해 협력 분위기가 마침내 국민 통합으로 승화되는 상징적 모습이었다. 40년 동안 민주당의 전유물이었던 광주민주화 운동이 비로소 국민 모두의 것으로 승화되고 국민 통합의 출발점이 되었음을 알리는 역사적인 순간이었다. 아울러 내 개인적으로는 평생의 소신인 쌍발통 전북, 쌍발통 호남을 위한 노력이 마침내 결실을 맺는 감격적인 순간이었다.

나는 이 순간을 영원히 기억하기 위해 입뿐만 아니라 가슴으로도 뜨겁게 뜨겁게 따라 불렀다.

"사랑도 명예도 이름도 남김없이, 한평생 나가자던 뜨거운 맹세…."

쌍발통 전북이 빚은 최고의 작품, 특별자치도

"이게 아닌데, 이래서는 안 되는데….".

나는 눈을 비비고 다시 한번 자료를 살폈다. 제20대 대선을 통해 정권 교체를 이룬 윤석열 당선인의 대통령직 인수위원회에서 지역균형발전위원회 부위원장을 맡아 전국 17개 시도 공약을 점검하던 중이었다. 나로서는, 아니 우리 전북으로는 납득하기 어려운 내용이 눈에 띈 것이었다. 윤석열 정부에서 추진할 국가균형 발전을 위한 광역경제권 구상안이었다.

구상안에 따르면 윤석열 정부는 국가 균형 발전을 위해 전국을 5개 메가시티와 2개 특별자치도로 운영하는, 이른바 '5극 2특' 광역경제권을 구상하고 있다. 전국을 수도권, 충청권, 대경(대구경북)권, 동남권(부산경남), 호남권 등 5개 메가시티와 제주, 강원의 2개 특별자치도로 분류해 수도권 1극체제를 다극체제로 전환하겠다는 것이었다.

큰 틀에서는 나도 뜻을 같이했지만, 다만 하나 내 입장에서 수용할 수 없는 것이 있었다. 전북을 광주·전남과 함께 호남권으로 묶은 것이었다.

전북은 대규모 국책사업인 새만금을 비롯해 탄소산업, 농생명산업 등 전북만의 특화된 자원을 가지고 있다. 하지만 정부의 관심과 지원에서 상대적으로 소외되어 지금까지도 저성장의 늪에서 허덕이고 있으며, 이에 대해 전북도민들이 느끼는 상대적 박탈감은 이루 말할 수 없다. 이러한 현실에서 새 정부의 지역발전 정책에서도 소외되면 마지막 희망마저 잃고 주저앉게 될지도 모른다.

전북은 전북이 보유한 특화된 자원을 중심으로 산업을 육성하고 경제를 발전시켜야 한다. 그래야 전북의 미래가 열린다. 이를 위해서는 전북의 지역적·경제적 특성을 살려 고도의 자치권이 보장된 '전북특별자치도'를 설치해 실질적인 지방분권을 보장해야 한다. 또다시 호남권으로 묶여 광주·전남에 예속될 경우 전북의 발전은 기대할 수 없다. 그런 만큼 '5극 2특'이 아니라 '전북새만금특별자치도'를 포함한 '5극 3특' 광역경제권으로 개편해 전북을 독자권역으로 발전시켜야 한다는 것이 내 판단이었다. 이는 결코 자존심이나 명분의 문제가 아니었다. 전북과 전북도민들의 생존권과 직결된 최우선 과제였다.

···

 이대로는 안된다고 생각한 나는 곧바로 김관영 전북도지사에게 연락을 취했다. 국민의힘 소속인 내가 민주당 소속인 김 지사에게 현안 협의를 위해 주저 없이 연락을 한 것은 민선 8기 김관영 도정이 출범한 이후 '서울결의(?)'를 통해 여야 협치가 가능해졌기 때문이었다.

 사실 전북은 내가 정계에 몸담고 있던 지난 7년 동안 내부 갈등이 심했다. 전북도와 전북교육청, 전북도와 전주시, 전북도와 중앙정치권 등 행정과 정치권 사이의 보이지 않는 갈등과 대립으로 발전은커녕 현안 해결에도 어려움을 겪었다. 7만평에 이르는 방직공장 부지 문제, 전주-완주 통합 문제, 공설운동장 재개발 문제 등 오래된 현안을 하나도 해결하지 못하고 오히려 갈등과 분열만 증폭시켰다. 중앙에서의 정치력은 무기력하기만 했다. 원심력도 없고 구심력도 없는 정치력 부재 상태가 내내 계속되었다. 내가 정계에 입문하면서 주창한 쌍발통 전북은 대답 없는 공염불에 불과했다.

 지난 6월 민선 8기 지방선거에서 김관영 도지사가 당선된 후 상황이 달라졌다. 바른미래당 시절 나와 한솥밥을 먹기도 했던 김 지사는 나처럼 여야협치만이 전북의 미래를 연다는 확신과 소신으로 협치를 공식화했고, 당선된 뒤 곧바로 이를 실천에 옮겼다.

 인수위 때 첫 번째로 나를 초청해 협치에 대한 강연을 부탁했고, 나는 전북의 발전을 위해서는 첫째도 둘째도 셋째도 넷째도 협치가 되어야 한다고 강조했다. 김 지사는 또 3급 보좌관 중 한 명을 국민의힘 소통협력관으로 채용했고, 서울에서 한 달에 한 번씩 국회의원-도지사 간담회를 갖기로 공식화했다. 지난 7년과는 비교도 할 수 없는 획기적인 변화였다. 지도자의 인식과 소신이 얼마나 중요한지를 보여준 단적인 사례였다. 덕분에 전북의 정치권에는 여야를 떠나 현안에 대해 허심탄회하게 논의하고 힘을 합쳐 추진할 기반이 마련되어 있었다.

이러한 협치를 바탕으로 나는 김관영 지사와 민주당 도당위원장인 한병도 의원과 함께 서울에서 머리를 맞대고 특별자치도 문제를 논의했다. 그 자리에서 어떠한 일이 있어도 전북을 별도의 특별자치도로 만들어야 한다는 데 인식을 같이하고 서로 역할을 분담해 반드시 관철시키기로 합의했다. 김관영 지사가 전면에 나서 상황을 이끌어가고 나는 여당인 국민의힘 의원들을, 한병도 의원은 야당인 민주당 의원들을 설득해 최대한 빠른 시일 내에 통과시키기로 결의했다. 시간 단축을 위해 한 의원과 내가 같은 내용의 법안을 각각 대표발의, 양당의 의원들을 공동발의에 참여시키고 행안위 법안소위에서 병합해 통과시키자는 나름의 전략까지 수립했다. 나는 이것을 삼국지의 도원결의를 빗대 '서울결의'라고 불렀다.

그로부터 얼마 지나지 않은 8월 18일 나는 한병도 의원과 함께 국회 소통관에서 기자들 앞에 섰다. '전북특별자치도 특별법' 대표발의를 위해서였다.

"한병도 의원님과 저는 오늘 막중한 책임감과 함께 설레는 마음으로 이 자리에 섰습니다. 홀대와 소외로 낙후된 전북의 발전과 국가균형발전을 위한 '5극 3특' 광역경제권 체제의 실현을 위해 여야가 한마음 한뜻으로「전북특별자치도 특별법」을 대표발의했습니다."

나는 특별법 발의의 배경과 취지에 대해 설명했고, 뒤이어 한병도 의원이 법안의 주요 내용을 설명했다. 그런 다음 손을 맞잡고 함께 힘을 모아 본회의까지 신속히 통과될 수 있도록 최선을 다하겠다고 결의를 다졌다.

전북의 100년 미래를 위한 특별자치도, 거기에는 여당도 없고 야당도 없었다. 보수도 없고 진보도 없었다. 오직 하나 전북당만이 있을 뿐이었다. 내가 정계에 입문하면서부터 지금까지 제1의 신념으로 추구한 쌍발통 전북, 여야가 공존하는 전북이 현실로 도래한 순간이었다.

...

하지만 제정안의 국회 논의는 순탄치 않았다. 소관 상임위인 행정안전위원회 위원들이 여야 할 것 없이 신중한 입장을 보였다.

물론 특정 지역에 각종 특례가 부여되는 특별자치도 설치에 타지역 의원들이 우려를 나타내는 것은 어찌보면 당연한 일이었다. 특히 광주·전남을 기반으로 하는 호남권 야당 의원들도 우려를 제기할 만큼 특별자치도 설치는 지역 간의 민감한 문제로 작용할 수밖에 없었다. 실제로 광주 지역 언론에서는 전북의 행보가 호남의 상생을 저해하고 분열을 야기한다며 딴죽을 걸었고, 충남 또한 특별자치도를 추진하겠다고 나서는 등 분위기가 뒤숭숭해졌다.

나는 시간이 지체될수록 상황이 악화될 수 있다는 판단하에 법안의 신속한 논의를 위해 동분서주했다. 당시 행안위는 국민의힘 이채익 의원이 위원장을 맡고 있어 국민의힘 동의 없이는 통과가 불가능했다. 나는 이채익 위원장을 비롯해 정우택 국회 부의장, 이만희 간사, 김용판 위원, 박성민 위원 등을 직접 찾아가 전북특별자치도의 필요성을 자세히 설명하고 협조를 요청했다. 한병도 의원과 김관영 지사 또한 야당 위원들 설득에 최선을 다했다. 그렇게 투 트랙으로 배전의 노력을 전개한 결과, 소관 상임위인 행정안전위원회 통과를 이끌어낼 수 있었다. 그때가 11월 30일, 법안을 발의한 지 106일 만이었다.

하지만 기쁨은 잠시, 법안은 법제사법위원회에서 또다시 발목이 잡혔다. 특별자치도의 난립에 대한 우려가 제기되면서 추가 논의가 필요하다는 이유로 계류되어 더 이상 나아가질 못했다. 그러자 지역 언론에서는 여당 의원의 반대에 부딪혀 통과되지 못했다며, 그동안 보여준 여당의 행보가 과연 진정성 있는 것이었는지 모르겠다며 의문을 제기했다.

사실 법안이 계류된 이유는 다른 데에 있었다. 여당이 추진하는 「재난자원관리법」에 대해 야당이 강하게 반대하면서 「전북특별자치도법」이 맞교환을 위한 정쟁의 대상이 되어버린 것이었다.

당시 법사위원장 또한 국민의힘 김도읍 의원이 맡고 있었다. 나와 김 의원은 지난해 탄소소재법 처리를 계기로 깊은 신뢰관계가 구축되어 있었다. 나는 김 의원을 만나 다시 한번 도와줄 것을 간곡히 부탁했다. 또 강원도는 14년이나 걸렸는데 어떻게 1년도 안 돼 처리하느냐며 심사숙고가 필요하다는 강원도 출신 유상범 의원을 직접 만나 전북의 특수성을 설명하고 도와줄 것을 간곡히 요청했다. 정점식 간사와 다른 위원들에게도 마찬가지로 정성을 쏟았다. 한편 김관영 도지사, 한병도 의원은 야당 위원 설득에 최선을 다했다.

법사위가 예정된 12월 27일, 회의 개최 30분 전까지만 해도 처리가 불투명한 상황이었다. 하지만 마지막까지 진심을 다한 나의 설득에 마음이 움직인 김도읍 위원장과 정점식 간사, 유상범 위원 등이 찬성함으로써 법사위를 무사히 통과했다. 그리고 다음 날인 28일 제401회 국회 본회의에서 최종 의결되었다. 지난 8월 18일 법안을 발의한 지 133일 만이었다. 이로써 수도권과 영남은 물론 호남에서조차 차별받던 전북도가 마침내 특별자치도를 통해 진정한 독자 권역으로 탄생하는 새로운 역사를 볼 수 있게 되었다.

강원도의 경우 특별자치도 법안을 통과시키는 데 14년이 걸렸다. 우리 전북의 경우에도 많은 우려와 견제로 통과를 장담할 수 없었다. 더구나 법안을 심사하는 행안위와 법사위 모두 여당 의원이 위원장을 맡고 있었다. 지역구 여당 의원이 전무한 전북으로서는 더더욱 어려운 일이었다.

그럼에도 법안 발의 133일 만에 본회의 통과라는 기적을 만들어낸 것은 여야협치 덕분이었다. 정계에 입문하면서부터 지금까지 나는 여야 공존의 쌍발통 전북을 평생의 소신으로 간직하고 추구했다. 민선 8기로 새롭게 출범한 김관영 전북 도정도 여야협치를 공식화했고, 한병도 민주당 도당위원장 또한 적극적으로 화답했다. 이렇게 3자 협치를 통해 한마음 한뜻으로 소통하면서 힘을 모았기에 그토록 빠른 시일 내에 본회의 통과를 이끌어낼 수 있었다. 여야협치를 통한 쌍발통 전북, 전북특별자치도는 그 최고의 결실이자 성과물이라 할 수 있다.

...

'전북특별자치도법'이 통과됨에 따라 전북은 1년의 준비 과정을 거쳐 2024년 1월 18일 전북특별자치도로 새롭게 출범하게 된다. 126년을 이어온 전라북도의 이름이 사라지고 '전북특별자치도'로 새로운 시대를 열어가는 것이다. 그렇게 되면 지금까지와는 많은 것이 달라질 것이다.

먼저 특별법에서 정하는 특수하고 독특한 지위를 부여하는 행정체제 개편이 단행된다. 앞으로 전북의 필요성에 따라 다양한 초광역 협력을 강화할 수 있고, 특별법에 따른 전북만의 지원을 확대 요구할 수 있다. 균특회계의 전북 별도계정이 설치돼 안정적이고, 지역 특화사업에 대한 정부 지원도 가능해진다.

특히 호남권 2중대에서 벗어나 독자 권역이 됨으로써 수십 년간

피우지 못했던 가능성을 꽃피울 수 있다. 새만금을 동북아 관문으로 활짝 열고 전북만의 강점인 탄소와 수소, 식품, 관광, 마이스산업, 신재생에너지산업 등을 집중 육성해 새로운 미래를 열어갈 수 있다.

이를 위해서는 지금부터가 중요하다. 특별법의 통과는 기둥만 세워진 상태로 그 내용을 내실 있게 채워야 한다. 현재 전북의 정치권은 도와 교육청, 시군과 함께 어느 때보다 긴밀히 협조하며 특례 준비에 박차를 가하고 있다. 그리고 이 특례를 담은 법안이 다시 한번 국회 문턱을 넘어야 한다. 그러기 위해서는 특별법 제정에서 보여준 여야협치의 정신과 교훈을 그대로 계승하고 재현해야 한다. 전북특별자치도의 출범과 전북의 미래, 여야협치만이 그 길을 열어갈 수 있다.

또 하나의 기적,
이차전지 특화단지 새만금 지정

　쌍발통 협치를 통해 특별자치도가 됨으로써 전북은 광주 중심의 호남권에서 벗어나 독자적으로 발전할 수 있는 기틀을 마련했다. 하지만 이제 겨우 시작일 뿐이다. 특별자치도로서의 내실을 다지고 지역경제를 대폭 성장시키기 위해서는 특단의 산업 육성이 필요하다.

　현재 전북의 경제지표를 보면 이는 더욱 절실해진다. 2021년 기준 전북의 GRDP(지역 내 총생산)는 55.5조 원으로 전국에서 차지하는 비중이 2.7%에 불과하다. 전북의 1인당 GRDP는 3,091만 원으로 17개 시도 평균보다 1천만 원이나 낮다. 인접한 충남은 5,724만 원으로 전북의 두 배나 된다. 이러한 현실을 극복하고 전북이 특별자치도로 성장 발전하기 위해서는 미래 첨단 산업단지의 조성을 통한 대규모 기업 유치가 절대적으로 필요하다.

다행히 전북에는 무한한 발전 가능성을 갖고 있는 새만금이 있다. 천혜의 땅 새만금을 첨단산업단지로 개발해 동북아 경제의 중심으로 만들면 전북은 명실상부한 특별자치도로서 미래 100년을 기약할 수 있다. 내가 정치에 입문하면서부터 새만금 전도사를 자처하고 새만금개발청 설치 등 새만금 개발에 전력을 기울인 것도 그 때문이었다.

특히 윤석열 정부 출범 후 새만금은 새로운 전기를 맞고 있다. 윤 대통령은 지난해 당선인 신분으로 전북을 찾아 "새만금을 기업이 바글거리는 지역으로 만들겠다"라고 약속했다. 그로부터 기업의 관심과 투자가 급증해 지난 1년간 6조 6,000억 원의 투자금이 모였다. 새만금개발청 설립 이후 9년 동안 모인 투자금 1조 5,000억 원의 4배가 넘는다. 새만금을 발전시키겠다는 정부의 의지와 함께 기업들이 몰려오고 있는 것이다. 이러한 분위기를 활용해 새만금을 명실상부한 동북아 경제의 중심으로 만들기 위해서는 미래산업의 핵심이 될 첨단산업단지 조성이 필요하다. 때마침 그 기회가 찾아왔다.

…

2022년 말 정부는 공모를 통해 국가 첨단전략산업 특화단지 지정을 추진했다. 반도체, 디스플레이, 이차전지 등 첨단기술의 국가경쟁력 강화를 위해 특화단지를 지정하고 규제 완화와 정책지원을 통해 국가산업단지로 육성하겠다는 것이었다.

나는 이차전지에 주목했다. 이차전지는 4차 산업혁명의 대표적 산업으로 스마트폰, 전기차, 로봇 등에 두루 활용되며 수요가 급증하고 있다. 전문가들의 예측에 의하면 2030년에는 세계시장 규모가 3천억 달러를 넘어설 것으로 전망된다. 광활한 새만금 부지 위에 이러한 이차전지 특화단지를 조성하면 연간 생산액이 50조 원에 달할 것으로 추정된다. 이는 전북의 총생산액 55조 원과 맞먹는 규모다. 그렇게만 된다면 전북특별자치도 출범과 더불어 미래의 성장동력까지 확보, 전북은 그야말로 새로운 르네상스 시대를 맞이할 수 있다.

하지만 상황이 그리 녹록지 않았다. 유치 신청 현황을 살펴보니 경북 포항, 상주, 울산, 충북 오창 등의 지자체에서 신청을 했는데, 이들 지자체에는 이미 국내 굴지의 대기업들이 투자를 해서 공장이 가동되고 있었다. 허허벌판의 새만금이 미래만을 내걸고 이들과 유치 경쟁을 벌인다는 것은 아무리 생각해도 무모하기 짝이 없는 일이었다.

그래도 우리에게는 믿을 구석이 있었다. 쌍발통 협치를 통해 전북특별자치도법을 133일 만에 통과시킨 경험이었다. 그때도 다들 어렵다고 했지만 여야협치를 통해 멋지게 해내지 않았는가? 그 경험을 되살려 다시 한번 여야협치로 나선다면 못 할 것도 없다는 생각이 들었다.

...

나는 또다시 김관영 전북도지사, 민주당 전북의원들과 머리를 맞대고 이차전지 특화단지 유치를 위한 전략을 모색하고 역할을 분담했다. 공모에는 최종적으로 5개 지자체가 뛰어들었고, 후발주자인 전북은 타 지자체에 비해 경쟁력이 뒤처진다는 평가가 우세했다. 그런 만큼 우리는 더 열심히 뛰었다. 특히 국회 산자위 소속인 나는 공모 심사가 진행된 상반기 내내 주관부처인 산업부와 긴밀히 소통하는 동시에 대통령실과도 수시로 접촉하며 새만금 지정의 필요성과 당위성을 계속 설득했다.

지난 5월에는 내가 주도해 김관영 도지사, 민주당 신영대 의원 등 3자가 함께 이창양 산업부 장관을 면담, 새만금 지정의 필요성과 당위성을 거듭 설명하고 설득했다. 이 자리에서 이 장관으로부터 특정 지역에 치우치지 않고 공정하게 평가하겠다는 약속을 받는 등 심사 막바지까지 긴장의 끈을 놓지 않았다. 김관영 지사 또한 단체장 중 유일하게 특화단지 발표 평가에서 직접 PPT를 발표하며 힘을 실었다. 한편으로 SK온·에코프로머티리얼즈·GEM의 합작투자를 신호탄으로 LG화학·화유코발트, 엔켐 등 이차전지 선도기업들의 투자를 이끌어내 분위기를 조성했다.

그 결과 7월 20일 열린 국가첨단전략산업위원회(위원장 한덕수 국무총리)에서 새만금이 이차전지 특화단지로 최종 확정되었다. 전북특별자치도에 이어 또 한 번의 기적이 만들어진 것이다. 특별자치도 출범에 맞춰 전북의 미래 성장 동력을 확보했다는 점에서 전북에게는 매우 뜻깊은 일이 아닐 수 없다.

그로부터 한 달도 지나지 않은 8월 2일 군산새만금컨벤션센터에서는 이차전지 투자협약식이 열렸다. LS그룹이 새만금 국가산업단지에 1조8천억 원 규모의 이차전지 핵심 소재 제조시설을 건립하기로 하고 전라북도, 새만금개발청과 투자협약을 체결하기 위해 마련한 행사였다.

휴가 중에도 시간을 내 협약식에 참석한 윤석열 대통령은 "이차전지는 반도체와 함께 우리나라 전략자산의 핵심"이라고 전제하고 "이차전지 관련 기업의 집적화가 용이한 새만금이 최적의 플랫폼"이라며 "앞으로 더 많은 첨단기업이 새만금 플랫폼에 모여들고 외국기업의 투자가 더 활성화될 수 있도록 맞춤형 지원을 아끼지 않겠다"라고 약속했다.

이에 자극을 받아 많은 관련 기업이 투자를 문의하는 등 새만금에 새로운 활력이 넘치고 있다. 바야흐로 새만금 시대가 개막되고 있다.

…

지난해의 특별자치도 법제화와 이번의 이차전지 특화단지 유치. 이 두 번의 기적은 김관영 도정 출범 후 이루어진 여야 쌍발통 협치의 성과였다. 여당 의원이 한 명도 없는 전남의 경우 반도체 특화단지 지정을 신청했지만 선정에서 제외되어 상실감에 빠진 것과 비교하면 여야협치가 얼마나 큰 힘을 발휘하는지 확연히 알 수 있다. 이를 직접 눈으로 확인한 지역 언론에서도 쌍발통 협치, 여야 공존의 정치에 주목하고 이를 집중적으로 보도했다.

"국회 정운천(국민의힘 비례대표) 의원의 '된다 된다 꼭 된다'는 믿음과 전북 발전을 향한 마음이 또 통했다. 지난해 전북 특별자치도법 통과를 133일 만에 일군 데 이어 새만금 이차전지 특화단지 유치를 견인한 것이다. 여야 쌍발통 정치에 기반한 더불어민주당과 협치가 이번 유치의 결정타로 평가받는 가운데 정치권 다수가 정운천 의원에게 공을 돌리고 있다.

공교롭게도 여당 의원이 없는 전남의 경우 반도체 특화단지 지정을 희망했지만 최종 선정에서 제외돼 상실감이 큰 상황이다. 전북은 정운천 의원을 비롯한 국민의힘과 한병도 위원장 등 민주당이 함께 힘을 모으는 상황이지만, 전남은 현재 여당 국회의원이 없어 현 정부와 소통에 한계가 있을 수밖에 없다는 것이 정치권의 평가다."

〈새전북신문 2023.7.24〉

"전북 정치권 내부에서 국민의힘 정운천 의원(비례대표)의 정치적 평가가 잇달아 이어지고 있다. 불가능할 것으로만 여겨졌던 전북특별자치도 설립부터 새만금 이차전지 특화단지 유치는 국민의힘 정운천 의원의 막후 역할이 있었기에 가능했다는 것이 정치권 내 중론이다.(…)

전북 정치권 중진 인사도 최근 정운천 의원 역할론을 강조하며 "민주당이 야당이 된 상황에서 현안 해결 과정에서 여당인 정운천 의원의 역할은 더욱 클 수밖에 없다"라며 "정 의원이 그동안 강조했던 전북 발전의 '쌍발통' 주장을 실감한다"라고 말했다."

〈전북도민일보 2023.7.24〉

...

　나는 쌍발통 전북을 위해 정계에 입문했다. 민주당 한쪽으로 기울어진 정치 지형을 바로잡아 여야 공존의 협치 체제로 바꿔야 전북이 발전할 수 있다는 소신과 신념을 갖고 이를 실천하기 위해 최선을 다했다. 민선 6기 도지사 선거에서, 제19대 총선에서 연거푸 낙선하는 등 숱한 어려움을 겪었지만, 이러한 소신과 신념을 한 번도 굽히지 않았다. 민주당만으로는 안 된다, 보수당 의원이 단 한 명이라도 있어야 한다, 그 한 명이 민주당 의원 10명 몫을 할 수 있다…. 기회가 있을 때마다 역설하고 그것을 직접 증명해 보이기 위해 노력했다.
　이러한 나의 소신과 7년에 걸친 노력이 20대 총선에서의 당선으로 이어졌고, 이제 뜻을 같이하는 김관영 도정이 출발하면서 그 빛을 발하고 있다. 특별자치도 법제화와 이번의 이차전지 특화단지 유치가 그것을 입증해 주고 있다.
　수레는 두 개의 바퀴가 균형을 이뤄야 앞으로 나아갈 수 있다. 새는 좌우의 양 날개가 있어야 날 수 있다. 전북 또한 마찬가지다. 여와 야, 보수와 진보가 공존하면서 서로 힘을 모으고 협치할 때 전북의 미래를 열어갈 수 있다. 쌍발통 협치. 그것이야말로 전북특별자치도의 성공적인 정착과 발전을 위한 가장 강력한 성장동력이다.

헌정사상 전무후무한
7년 연속 예결위원

　국회의원의 업무가 한둘이 아니지만 그중에서 가장 중요한 것이 입법 활동과 예산심의다. 국민 생활의 근간이 되는 각종 법률을 제정하고 국가의 살림살이를 심의 의결하는 일의 중요성은 아무리 강조해도 지나치지 않다.

　그중 입법 활동은 국회의원 누구나 할 수 있고, 또 해야 하는 본연의 업무다. 그래서 의원 한명 한명을 입법기관이라 부르기도 한다.

　예산심의는 그렇지 않다. 예산결산특별위원회 위원 50명에게만 권한이 주어진다. 그리고 최종 단계에서 예산의 증액과 삭감 심사를 하는 예산안 조정소위에는 그중에서도 15명의 의원만 참여한다. 전체 의원 300명의 17%, 5%만 할 수 있다.

　그래서 지역구 의원들은 누구나 예결위원이 되고 소위 위원이 되기를 희망한다. 지역발전을 위한 각종 사업을 직접 챙길 수 있기 때문이다.

그만큼 경쟁이 치열하다. 예결위원의 경우만 해도 임기 4년 동안 최대 200명의 의원만 할 수 있다. 최소한 100명의 의원은 예결위원 한 번도 하지 못한 채 임기를 종료한다. 그러니 한 번만 해도 성공이라고 할 정도로 어렵다.

그런 예결위원을 나는 7년 연속으로 역임했다. 20대 국회 4년 내내, 21대 국회에서도 3년 내내 예결위원으로 활동했다. 예산안 조정소위 위원도 2016년의 특별위원까지 포함하면 세 차례나 역임했다. 예결위원 7년도, 소위 위원 세 차례도 헌정사상 유례가 없는 전무후무한 기록이다.

물론 그것이 나 혼자 잘해서 된 것은 아니다. '된다. 된다. 전북 발전 꼭 된다!'라는 간절한 노력 속에 찾아온 행운이기도 하지만, 무엇보다 철옹성 같은 지역장벽을 허물고 나를 국회로 보내 준 전주시민과 전북도민들 덕분이다.

...

20대 총선에서 나는 중앙과의 예산 통로를 열어 민주당 의원 열 명 몫을 하겠다고 도민들께 약속했다. 그 약속을 지키기 위해 예결위원이 되고자 최선을 다했고, 그 과정에서 많은 우여곡절도 겪었다. 왜 혼자 독점하느냐? 정 의원은 예결당 의원이냐? 따가운 눈총과 질시도 있었고 심한 견제도 받았다. 특히 2016년의 조정소위 위원 배제 사건은 지금 생각해도 황당하기 짝이 없다.

당시 나는 새누리당(현 국민의힘) 예결위원으로 활동했고, 조정소위 위원도 확정적이었다. 그런데 정기국회 막바지 예산안 조정소위 첫 회의를 몇 시간 앞두고 갑자기 소위 위원에서 배제되는 황당한 일이 발생했다. 당시 당내 주류세력인 친박계 의원을 합류시키기 위해 계파가 없는 나를 배제한 것이었다.

예기치 못한 상황에 나는 몹시 당황했다. 어떻게 해야 할지 판단이 서지 않았다. 소위 위원 교체가 지도부의 권한이라고는 하지만 그대로 물러날 수는 없었다. 전북의 예산을 책임지겠다고 도민들과 한 약속을 무책임하게 저버릴 수 없었다.

어떻게 해야 하나 고민을 거듭하던 내 머릿속으로 5년 전의 함거가 떠올랐다.

2010년 민선 5기 지방선거에서 새누리당 후보로 전북도지사 선거에 출마한 나는 공기업 지방 이전 시 LH공사를 전북으로 유치하겠다고 공약했다. 투표 결과 낙선은 했지만 전북도민들과의 약속을 지키기 위해 LH공사 유치에 최선을 다했다. 청와대로 중앙정부로 열심히 뛰어다니며 전북 유치의 당위성을 설명하고 설득하는 등 내가 할 수 있는 모든 노력을 경주했다. 하지만 힘이 부족해 끝내 뜻을 이루지 못했다. 결과적으로 도민들께 드린 약속을 지키지 못한 나는 어떤 식으로든 책임을 지고 용서를 구해야 한다는 생각에서 조선 시대 죄수를 운반하던 함거를 생각했다.

석고대죄하는 마음으로 함거에 올라 일주일 동안 전주 시내를 순회하면서 도민들께 사죄하고 용서를 구했다. 선거에 낙선했다고 공약을 저버리는 것이 아니라 끝까지 노력하고 책임지는 모습을 보이는 것, 그것이 도민들의 마음을 달래고 도민들과 소통하는 길이라 판단했기 때문이었다. 그 후 국민연금관리공단의 전북 유치를 이끌어내 LH공사 유치 실패에 따른 도민들의 마음을 어느 정도 달래고 위로할 수 있었다.

전북예산을 지키겠다고 약속했지만 소위 위원에서 배제된 지금, 그때의 함거정신으로 끝까지 맞서야 한다는 생각이 들었다. 그것이 나를 믿고 국회로 보내 준 도민들에 대한 도리라는 생각이었다.

나는 곧바로 국회 본청에 있는 원내대표실 앞에 자리를 깔고 앉아 단식농성을 시작했다. "전북도민이 32년 만에 여당 의원인 나를 뽑아 준 것은 꽉 막힌 중앙에 예산 통로를 열어 홀대받은 전북예산을 챙기라는 준엄한 명령인데, 갑작스럽게 조정소위 위원에서 배제한 것을 납득할 수 없어 행동으로 도민들의 뜻을 전한다"라고 단식농성의 이유를 밝혔다. 온몸을 던져서라도 전북예산을 지키겠다는 각오로 초선의원이 당 지도부를 향해 단식농성을 하는 초유의 사태를 벌인 것이었다.

그렇게 일주일 동안 단식을 계속하자 지도부에서 두 손을 들고 나를 특별위원으로 조정소위에 참여할 수 있도록 배려했고, 그로 인해 전북의 예산을 끝까지 챙길 수 있었다.

⋯

지금 와서 생각해 보면 함거정신으로 무장하고 일주일 동안 진행한 그때의 단식농성이 7년 연속으로 예결위원이 되는 토대가 되었다.

그렇게 7년 내내 예결위원으로 활동하면서, 또 3년 동안 예산안조정소위 위원으로 활동하면서 나는 홀대받은 전북예산을 바로 세우기 위해 최선을 다했다. 민주당 의원 열 몫을 하겠다는 도민들과의 약속을 지키기 위해 고군분투했다.

그만큼 성과도 거뒀다. 이는 20대 국회 이전과 그 이후의 예산 추이를 비교해 보면 확연히 드러난다.

2014년부터 2016년까지 3년간 정부 예산은 355.8조 원에서 375.4조 원, 386.4조 원으로 증가했다. 반면 전북예산은 6조 1,131억 원, 6조 150억 원, 6조 568억 원이었다. 국가 전체 예산은 8.6% 증가했는데 전북예산은 오히려 0.9%가 감소한 것이었다.

그렇게 6조 원대 초반에 머물던 전북예산은 내가 활동을 시작한 2017년부터 큰 폭으로 증가했다. 전년 대비 2017년에는 2천억 원, 2018년에는 3천억 원, 2019년에는 5천억 원이 증가해 증가액은 물론 증가 폭도 가파르게 상승했다.

또 21대 국회가 시작된 2020년에는 6천억 원, 2021년에는 6천6백억 원, 2022년에는 6천7백억 원, 2023년에는 2천2백억 원이 증가했다.

여기에는 국회 예결위 단계에서의 노력이 크게 작용했다. 매년 예결위원으로 활동하면서 지역 현안을 꼼꼼히 챙기고 합리적으로 설명함으로써 당초의 정부안보다 크게 증액시킬 수 있었다.

그 결과 전북예산은 2019년에 사상 처음으로 7조 원을 넘어섰고, 2021년에 8조 원을 돌파한 데 이어 2023년에는 9조 1,595억 원으로 9조 원 시대를 열었다. 내 임기 7년 동안 51%, 연평균 7.3%가 증가했다. 20대 국회 이전과 비교하면 놀라운 성과가 아닐 수 없다.

...

국가예산 확보와 더불어 지역의 오랜 숙원사업도 차례차례 해결했다. 동학농민혁명기념공원 조성(2017년), 전북 국립보훈요양원 건립(2018년), 국립지덕권산림치유원 조성(2018년), 전북 중소기업연수원 건립(2019년), 한국탄소산업진흥원 유치(2021년), 그리고 최근의 전북특별자치도 지정(2022년)과 새만금 이차전지 특화단지 유치(2023년)까지 전북 최대의 현안들을 성공적으로 해결해 미래 100년의 토대를 구축했다.

또 전주-새만금 고속도로 건설(2조4천억 원), 전주-김천 철도 건설(국가계획 반영), 전주 육상경기장 및 야구장 건립(총사업비 1,421억 원), 전주 로파크 건립(총사업비 212억 원), 전주 드론스포츠복합센터 건립(총사업비 80억 원), 전주 독립영화의 집 건립(총사업비 590억 원) 등 지역의 주요 현안 사업도 해결해 언론으로부터 '국가예산통'이라는 별명도 얻었다.

이렇듯 지역 현안을 해결하는 과정에서 특별히 기억에 남는 것이 있다. 2021년 10월에 준공된 효천교가 그것이다. 효천지구와 삼천동을 잇는 효천교는 효천단지 개발을 맡은 LH공사에서 74억 원을 투입해 폭 24m의 일반적인 다리로 건설할 예정이었다.

하지만 나는 새로 건설하는 효천교가 이왕이면 지역의 자부심과 관광명소가 되면 좋겠다는 생각을 했고, 또 개인적으로 효천교를 통해 16년 전의 LH공사 유치 실패를 만회하고도 싶었다.

그러한 마음으로 LH공사 사장을 면담, 이 지역에서 32년 만에 여당 의원이 배출된 것을 기념해 파리의 퐁네프처럼 명품 다리로 건설하고 다리 이름도 운천교로 해 줄 것을 제안했다.

이후 공사를 책임질 LH공사 전북지사장이 세 차례나 교체되는 등 어수선한 분위기 속에서도 나는 지속적인 관심과 노력을 기울였다. 그 결과 예정된 금액의 두 배가 넘는 154억 원을 투입해 폭 45m의 전국 어디에도 뒤지지 않는 명품다리가 탄생할 수 있었다. 그리고 여담 삼아 제안한 '운천대교'라는 다리 이름 또한 내 사후 서명운동으로 결정하겠다는 약속도 받아냈다.

...

7년 연속 예결위원이라는 헌정사상 전무후무한 기록을 남기면서 국가예산 확보와 국책사업 유치, 지역의 숙원사업 등을 앞장서 해결하고 많은 성과를 거뒀지만, 이는 결코 나 혼자만의 힘으로 된 것이 아니다. 함께 머리를 맞대고 밑그림을 그리고 전략을 짜고 노력한 전북도 및 시군 공무원들의 노력 또한 빼놓을 수 없다.

　전북예산 확보를 위해 나는 매년 연초부터 '전북 14개 지자체 예산 실무자 초청 간담회'를 개최했다. 전북예산의 밑그림을 전북 공무원들과 함께 그렸다. 또 예산 시즌이 되면 국회 의원회관에 있는 내 사무실에 '전북 국가예산 종합상황실'을 만들어 전북도 및 시군 담당자들과 함께 작업했다. 늦은 밤에 도시락으로 끼니를 때우기도 했고, 새벽까지 머리를 맞대며 전략을 짜기도 했다.

　여야의 협력도 큰 몫을 했다. 내가 보수정당 후보로 32년 만에 당선됨으로써 국회에서의 여야 협력이 가능해졌다. 여야 의원이 지역 현안에 대해 공감대를 형성하고 각 당의 지도부를 설득하는 한편, 예산 심사 과정에서 서로 협력함으로써 대폭 증액의 성과를 이끌어 낼 수 있었다.

　특히 민선 8기 김관영 도정의 출범과 함께 여야와 전북도의 3자 협치가 공식화되면서 전북이 새롭게 변화하고 있다. 앞에서도 언급한 전북특별자치도 출범, 새만금 이차전지 특화단지 유치 등 기적 같은 일들이 연이어 창출되고 있다. 여야협치를 통해 전북의 동력을 하나로 모았기에 가능한 일이었다.

　수레는 양쪽 바퀴가 균형을 이뤄야 앞으로 나아간다. 정치 또한 마찬가지다. 여야가 공존하면서 서로 경쟁하고 협력할 때 전북을 위한 정치, 전북도민을 위한 정치가 이루어진다. 내가 국회에 입성한 이후의 전북 정치 변화와 예산 확보 상황이 그것을 입증해 주고 있다. 김관영 도정과 협치를 통해 이룬 기적 같은 일들이 또한 증명해 주고 있다. 도민들을 위해 서로 경쟁하고 협치하는 쌍발통 전북이 앞으로도 계속 이어져 전북이 명실상부한 특별자치도로 발전할 수 있기를 기대하며 반드시 그렇게 되도록 나 또한 내가 가진 모든 역량을 다할 것이다.

부록

사진으로 보는 정운천
전북예산의 변화

참다래 아저씨

1981년 대학 졸업 후 고민 끝에 땅끝마을로 갔다. 빈손으로 연고도 없는 곳에서 남의 땅을 빌려 키위 재배를 시작했다. 모두가 떠나는 농촌, 모두가 마다하는 농업을 선택한 것이다.
순조롭지 않았다. 비닐하우스에서 5년 5개월 동안 농민들과 애환을 같이하며 동고동락한 끝에 농민들의 뜻과 힘을 하나로 모을 수 있었고, 농업경영의 새로운 모델을 만들어냄으로써 시장개방의 위기를 극복하고 오늘날의 참다래 산업으로 발전시킬 수 있었다. 초등학교 5학년 교과서에 '참다래 아저씨'라는 글이 수록되기도 했다.

고구마의 변신

1997년 나는 키위에 이은 제2의 품목으로 고구마를 선택했다. 봄이 되면 잘 썩기 때문에 유통기간이 한정되어 있었고, 물로 씻어도 썩기 때문에 흙이 묻은 채로 유통되었다.
고민에 고민을 거듭한 나는 이순신 장군의 거북선을 생각했다. 거북선은 기존의 판옥선에 덮개를 만들어 씌운 것이다. 덮개라는 새로운 가치를 창출한 것이 위기에서 나라를 구하는 결과를 가져온 것이었다.
4년에 걸친 노력 끝에 세척법과 저장법 등 새로운 가치를 창출, 구황작물로 천대받던 고구마를 완전히 다른 상품으로 만들었다.

장관 시절_취임식

농식품부 장관으로 내정되고 나서 내가 제일 먼저 한 일은 소금, 즉 천일염을 농식품부로 가져와 기초식품으로 육성한 일이었다.

취임 후에는 오랜 현장 경험을 바탕으로 돈 버는 농어업, 살맛 나는 농어촌 건설을 위해 근본적인 개혁에 착수했다. 중앙정부가 주도하던 농업정책을 현장 중심, 수요자 중심으로 바꾸고 기존의 정책과는 확연히 다른 실질적인 정책으로 농업과 농촌에 희망과 활력을 불어넣기 위해 노력했다.

장관 시절_광우병 파동

촛불시위가 극에 달했던 6월 10일 나는 혈혈단신으로 광화문 촛불시위 현장을 찾아갔다. 어떤 불상사가 일어날지 모른다며 모두가 붙잡고 만류했지만, 국민과 소통하지 않고는 사태를 해결할 수 없다는 판단에 따라 위험을 무릅쓰고 달려갔다. 시위대에 가로막혀 자유 발언대에는 오르지 못했지만, 정부의 진정성을 알려 시위가 진화단계로 접어드는 계기가 되었다.

함거에 오르다

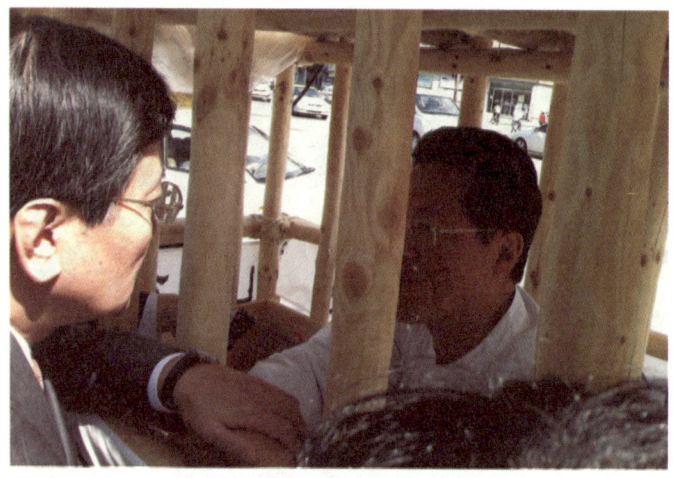

도지사 선거 공약이었던 LH공사 전북 이전이 좌초되고 진주로 결정되자 석고대죄하는 마음으로 일주일 동안 전주 시내를 순회하면서 도민들께 사죄하고 용서를 구했다. 선거에 낙선했다고 공약을 저버리는 것이 아니라 끝까지 노력하고 책임지는 모습을 보이는 것, 그것이 도민들의 마음을 달래고 도민들과 소통하는 길이라 판단했기 때문이었다.
전광우 국민연금공단 이사장이 나를 찾아주셨다.

20대 총선

가족은 물론 모두들 반대였다. 지역주의의 벽을 깨겠다는 내 뜻에는 고개를 끄덕였지만 그것이 가능하리라 믿어 주는 사람은 단 한 사람도 없었다. 그만큼 했으면 됐다며 만류할 뿐이었다. 그런 상황에서 다시 도전하자니 외롭고 두려웠다.
그래도 포기할 수는 없었다.

전북예산상황실

나는 매년 전북 14개 지자체 예산 담당 공무원들과 함께 전북예산의 밑그림을 그렸다. 국회 의원회관의 내 사무실에 '전라북도 국가예산 종합상황실'을 만들어 도시락으로 끼니를 때우며 새벽까지 머리를 맞대고 전략을 짜기도 했다.

여야의 협력도 큰 몫을 했다. 내가 당선됨으로써 국회에서의 여야 협력이 가능해졌다. 특히 민선 8기 김관영 도정의 출범과 함께 여야와 전북도의 3자 협치가 가능해졌다.

본청 단식농성

현역의원이 소속당 지도부를 향해 피켓을 치켜들고 1인 시위를 벌이는 초유의 상황이 연출되자 당 지도부로서는 곤혹스러울 수밖에 없었다. 얼마 후 그러한 사실이 언론을 통해 보도되자 원내대표를 비롯한 지도부 인사들이 찾아와 나를 달래고 설득했다.
하지만 나는 물러서지 않았다.

농해수위 국정감사

호통과 고성이 난무하는 국정감사가 무슨 의미가 있을까. 문제점을 면밀히 분석하고, 대안을 제시해 국회와 정부가 함께 개선책을 만들어 가는 것, 그것이 국정감사의 본질이 아닐까.

그런 생각으로 국정감사에 임해 온 결과, 나는 피감기관은 물론 언론으로부터도 '국정감사의 새로운 방향을 제시했다'는 평가를 받았다. 소속 정당은 물론 언론과 시민단체 등에서 시상하는 국정감사 우수의원에 해마다 수차례씩 선정되는 등 좋은 평가를 받았다.

상산고 문제를 해결하다

나는 의원 한 명 한 명을 찾아가 전북교육청의 독단과 부당한 평가를 알리고 국회 차원의 대응을 위해 뜻을 모아 달라고 요청, 전체 의원의 과반수인 151명의 서명을 받을 수 있었다. 나는 151명의 의원이 연서한 요구서를 유은혜 교육부총리에게 전달하며 전북교육청의 잘못된 결정을 바로잡아 달라고 강력히 요청했고, 그 결과 상산고는 자사고 지위를 유지하게 되었다.

석패율제 기자회견

점점 더 극단으로 치닫는 진영싸움을 감안하면 앞으로 지역주의의 장벽은 더 높고 두터워질 것이다. 4년 전 어렵게 물꼬를 튼 내 입장에서는 너무나 안타깝다.

21대 국회에서 석패율제가 다시 논의되어 도입될 수 있기를 고대한다. 양극화로 치닫는 고질적 지역주의를 완화할 수 있는, 어쩌면 유일한 대안이 바로 석패율제이기 때문이다.

비례대표 출마

2020년 2월, 내가 미래한국당에 입당한 것은 21대 총선에서 지역구인 전주를 떠나 비례대표로 출마하기 위한 선택이었다. 엄청난 비난과 야유가 쏟아졌다.
나는 묵묵히 감수했다. 그런 비난을 감수하고라도 선택할 수밖에 없었던, 고민하고 또 고민해서 내린 결정이었다. 그만큼 외롭고 힘든 선택이었다.

화개장터

"전라도와 경상도를 가로지르는 섬진강 줄기 따라 화개장터엔 아랫마을 하동 사람 윗마을 구례 사람 닷새마다 어우러져 장을 펼치네…"

지난 30년 동안 영남과 호남 모두 지역장벽에 꽁꽁 묶여 살아 왔다. 내가 지역장벽을 깨고 보수정당 후보로 전주에서 당선되었듯이, 이제 고질적인 지역장벽과 이념을 뛰어넘어 동서화합과 국가 균형발전을 이루어 나가야 한다.

한국탄소산업진흥원 탄생

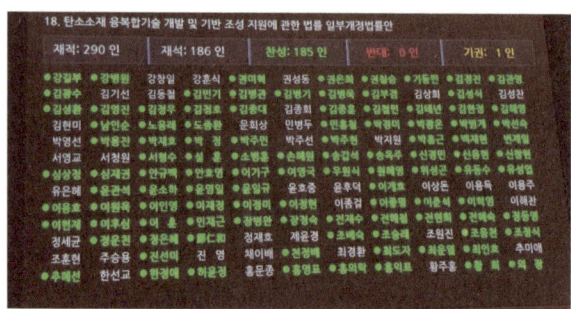

2020년 11월 3일, 정부는 한국탄소융합기술원을 국가기관인 한국탄소산업진흥원으로 지정·의결했다. 마침내 전북의 숙원사업이자 지난 4년에 걸친 나의 노력이 마무리되는 순간이었다.

어려운 과정을 거쳐 기반이 구축된만큼 전북의 탄소산업이 수많은 과제를 극복하고 대한민국을 먹여 살리는 미래산업으로 성장 발전할 수 있도록 앞으로도 내 모든 역량을 다해 지원하고 뒷받침할 것이다.

호남동행의원단

고민 끝에 생각한 것이 당 차원의 '제2 지역구 갖기 운동'이었다. 당내에 호남의원이 한 명도 없는 현실을 감안, 영남 등 타 지역 의원들을 호남 명예의원으로 위촉해 지역구 의원의 역할을 대신토록 하자는 것이었다. 통합당의 모든 의원들에게 취지와 내용을 설명하고 신청을 받은 결과 48명의 의원이 신청해 41개 지역구를 모두 채우고도 남는 성과를 이끌어냈다.

5·18 추모제 공식 초청

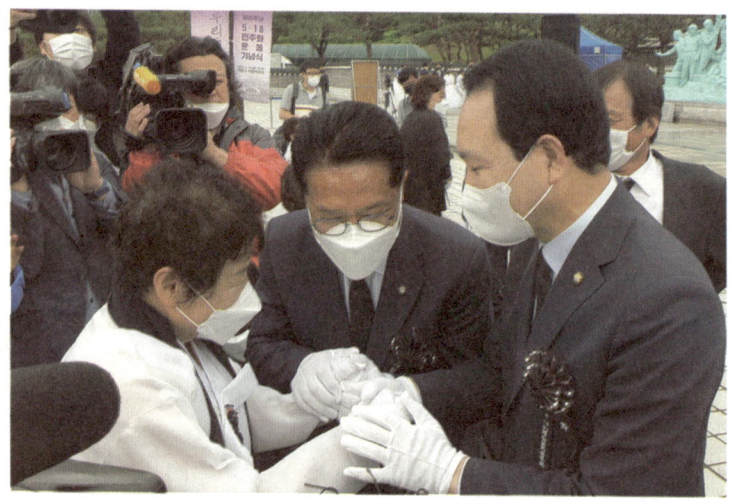

2021년 5월, 5·18 41주년을 앞두고 나는 뜻밖의 초청장을 받았다. '5·18 민중항쟁 제41주년 추모제'에 참석을 요청하는 (사)5·18 민주유공자유족회의 공식 초청장이었다. 보수정당 국회의원으로는 최초로 초청된 역사적인 일이었다.
지속적으로 대화하고 소통하면서 진정성 있게 다가간 결과가 아닌가 한다.

자랑스러운 5·18 광주인상

2022년 5월 나는 '자랑스러운 5·18 광주인상'을 수상했다. 5·18 공법단체 출범과 5·18 유족회 방계가족 회원 부여 등 현안을 해결하고, 5·18 민주화 운동의 의미와 가치를 견고히 하는 데 기여했다는 것이었다.
진심은 결국 통한다고, 나의 소신과 노력으로 견고하기만 했던 지역주의의 벽이 허물어지고 있다 생각하니 감개가 무량했다.

전북특별자치도

법안 발의 133일 만에 본회의 통과라는 기적을 만들어낸 것은 여야협치 덕분이었다. 정계에 입문하면서부터 지금까지 나는 여야 공존의 쌍발통 전북을 평생의 소신으로 간직하고 추구했다. 민선 8기 김관영 전북 도지도 여야협치를 공식화했고, 한병도 민주당 도당 위원장 또한 적극적으로 화답했다. 이렇게 3자 협치를 통해 힘을 모았기에 그토록 빠른 시일 내에 본회의 통과를 이끌어낼 수 있었다.

새만금 이차전지 특화단지

"공교롭게도 여당 의원이 없는 전남의 경우 반도체 특화단지 지정을 희망했지만 최종 선정에서 제외돼 상실감이 큰 상황이다. 전북은 정운천 의원을 비롯한 국민의힘과 한병도 위원장 등 민주당이 함께 힘을 모으는 상황이지만, 전남은 현재 여당 국회의원이 없어 현 정부와 소통에 한계가 있을 수밖에 없다는 것이 정치권의 평가다."
〈새전북신문 2023.7.24.〉

전북예산의 변화

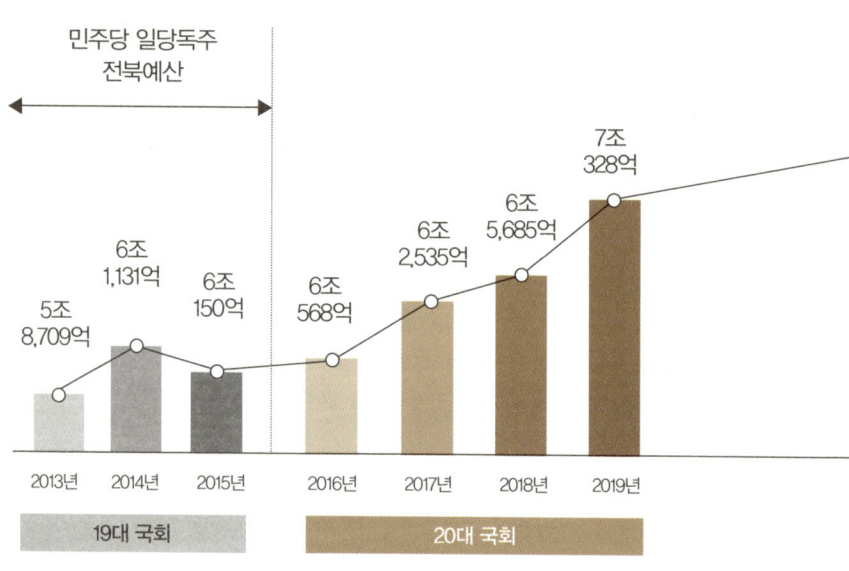

"전북도민이 32년 만에 여당 의원인 나를 뽑아 준 것은 꽉 막힌 중앙에 예산 통로를 열어 홀대받은 전북예산을 챙기라는 준엄한 명령인데, 갑작스럽게 조정소위 위원에서 배제한 것을 납득할 수 없어 행동으로 도민들의 뜻을 전한다."
국회 본청에 있는 원내대표실 앞에 자리를 깔고 앉아 단식농성을 시작하면서 내가 밝힌

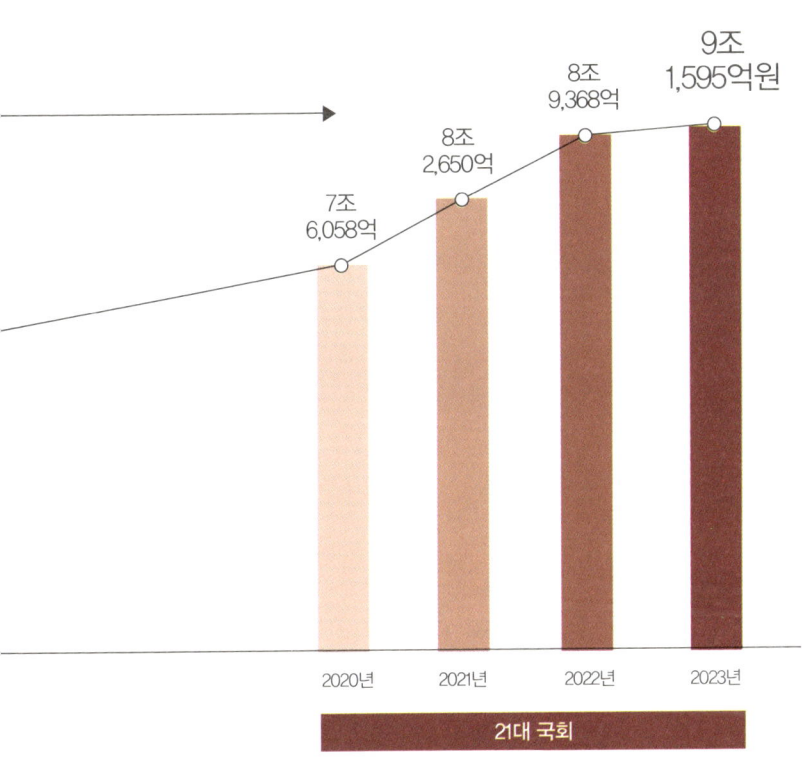

사유였다. 온몸을 던져서라도 전북예산을 지키겠다는 각오로 초선의원이 당 지도부를 향해 단식농성을 하는 초유의 사태를 벌인 것이었다.

그렇게 일주일 동안 단식을 계속하자 지도부에서 두 손을 들고 나를 특별위원으로 조정소위에 참여할 수 있도록 배려했고, 나는 전북의 예산을 끝까지 챙길 수 있었다.

벽을 넘어서

초판 1쇄 발행 | 2023년 12월 9일

지은이 | 정운천
펴낸이 | 이성수
주간 | 김미성
편집장 | 황영선
디자인 | 여혜영
마케팅 | 김현관
펴낸곳 | 올림
주소 | 07983 서울시 양천구 목동서로 77 현대월드타워 1719호
등록 | 2000년 3월 30일 제2021-000037호(구:제20-183호)
전화 | 02-720-3131 | 팩스 | 02-6499-0898
이메일 | pom4u@naver.com
홈페이지 | http://cafe.naver.com/ollimbooks

ISBN 979-11-6262-059-5 (03320)

※ 이 책은 올림이 저작권자와의 계약에 따라 발행한 것이므로 본사의 허락 없이는 어떠한 형태나 수단으로도 이 책의 내용을 이용하지 못합니다.
※ 잘못된 책은 구입하신 서점에서 바꿔드립니다.

책값은 뒤표지에 있습니다.